직장인 중국어 공부법

마카오항공, 대한항공 출신 스튜어디스가 쉽게 알려 주는

# 직장인 중국어 공부법

강윤주 지음

위닝북스

# 중국어로
# 더 넓은 세상을 만나라!

나는 대학 신입생 시절 단순한 계기로 중국어를 공부하기 시작했다. 그저 배워야 했기 때문에 시작한 중국어와 깊이 사랑에 빠진 것은 '신의 한 수'였다. 그때까지 중국어를 제대로 들어본 적도 없던 나는 마치 노래를 부르는 것 같은 느낌에 사로잡혔다. '왠지 나도 잘 배울 수 있겠다'는 자신감과 함께 '중국어를 잘하고 싶다'는 열망이 생겨났다.

중국에서 1년 반 동안 어학연수를 했다. 난생 처음 부모님과 떨어져 낯선 땅에서 생활하며 여러모로 성장했다. 하지만 4학년이 될 때까지도 특별한 꿈이나 목표가 없었다. 막연히 졸업만 하면 내가 입사할 수 있는 회사가 '짠!' 하고 나타날 거라는 착각을 하고 있었다. 내 적성에 맞는 일이 무엇인지, 잘할 수 있는 일이 무엇인지 찾지 못했다. 그저 이름 있는 대기업에 입사해 다른 친구들 앞에서 우쭐대고 싶었다.

그럼에도 불구하고 단 하나, 확실했던 사실이 있다. 나는 중국어를 누구보다 좋아했고 잘하고자 노력했다. 또한 내가 배운 중국어를 활용할 수 있는 기회를 찾아 다녔다. 대기업 해외마케팅 부서, 중국계 은행과 항공사 등 총 6군데 회사에 최종 합격할 수 있었던 것은 모두 유창한 중국어 실력 덕분이었다.

안정적인 직장생활을 뒤로 하고 27세의 나이에 갑자기 승무원에 도전장을 내밀었다. 그 역시 나만의 무기인 중국어가 있었기에 가능한 일이었다. 에어마카오에서 비행을 시작해 29세에는 국내 최고의 항공사 대한항공으로 이직했다. 나는 총 10년을 승무원으로 살았다.

승무원을 꿈꾸어 본 적도 없고 관련 학과를 전공한 것도 아니었다. 눈에 띄는 예쁜 외모의 소유자도 아니었으며 서비스 관련 경력은 전무했다. 하지만 나는 나만의 색깔과 전략으로 원하는 직업을 비교적 쉽게 가질 수 있었다. 부족함이 많았지만 스스로를 다듬어가며 단점을 보완했다. 중국어라는 나만의 '필살기'가 있었기에 언뜻 불가능해 보이는 일에 도전해 원하는 바를 이루어냈다.

객실승무원으로 근무하며 하늘 위에서 인생을 배웠다. '기내'라는 특수한 공간에서 수많은 경험을 통해 인생의 희로애락을 겪었다. 승무원으로 살았던 삶은 다채롭고 이색적이었다. 전 세계 수많은 도시를 방문하며 세상 사람들의 다양한 모습을 보고 느낄 수 있었다. 울고 웃으며 밤낮으로 날아다녔던 그 소중한 시간들을 나는 평생 잊지 못할 것이다.

회사에서 승진을 하고 관리자가 되겠다는 목표로 계속 비행을 하는 것도 괜찮았을지 모른다. 하지만 나는 또 다른 길을 가기 위해 퇴사를 결정했다. 현실적으로는 대책 없이 회사를 그만두고 경력 단절 여성이 되기를 택하는 것처럼 보였을 것이다. 나는 20대와 30대 시절을 중국어와 함께 살았다. 중국어로 생각하고, 중국어 책을 읽고, 중국어 연습을 하는 것은 재미있는 놀이이자 유일하게 지치지 않는 자기계발이었다. 나는 나를 나답게 살게 하는 중국어를 붙들고 보다 주체적인 인생을 설계하기로 했다. 그렇게 퇴사를 하자마자 중국어를 가르치기 시작했다.

지금 나에게 중국어를 배우고 있는 수강생들은 어린아이부터 대학생, 취업준비생, 직장인, 현직 승무원, 사업가, 할머니, 심지어 예비 및 현직 중국어 강사까지 연령과 하는 일이 정말 다양하다. 중국인 선생님들도 있다. 세상에 나보다 더 중국어를 잘 구사하는 사람들은 얼마든지 있다. 하나님은 나에게 내가 가지고 있는 지식과 노하우를 재미있게 전달하고 이해하기 쉽게 가르치는 능력을 달란트로 주셨다. 나는 중국어 실력뿐만 아니라 자신감과 희망을 심어주는 인생 멘토이자 최고의 중국어 코치가 되기 위해 매 수업 최선을 다하고 있다. 평탄하고 무난한 삶을 살아왔지만 늘 다른 사람들의 시선 속에 갇혀 있던 나는 드디어 진짜 하고 싶은 일을 찾아냈다. 그리고 2년 동안 매일 신나는 수업을 이어가고 있다. 수업 준비를 위해 밤을 새도 몸이 피곤할지언정 마음은 전혀 괴롭지 않다.

내가 이 책을 읽는 독자들에게 가장 전하고 싶은 메시지는 중국어를 잘 배울 수 있는 비결이나 점수를 올려 주는 특별한 비법이 아니다. 지극히 평범하고 내세울 것도 없던 내가 '중국어'라는 날개를 달고 나만의 인생을 날았듯이 당신도 당신만의 '필살기'를 찾기를 진심으로 바란다. 그것이 꼭 중국어가 아니어도 좋다. 자신만의 빛나는 날개를 달고 더 높이 날아오르기를 응원한다.

나는 아주 오래전부터 나의 스토리를 담은 책을 쓰고 싶었다. 단순한 바람이었던 그 꿈을 크게 격려하며 책을 쓸 수 있도록 도와주신 〈한국책쓰기1인창업코칭협회〉 김태광 대표 코치님과 〈위닝북스〉 권동희 대표님께 다시 한번 감사드린다. 무더운 여름 내내 멋진 책의 탄생을 위해 애써 주신 〈위닝북스〉 출판팀에 감사하다. 마지막으로 부모님과 남편, 두 딸 예나와 예은이에게 사랑과 감사의 마음을 전한다.

2019년 8월

강윤주

# 차 례

프롤로그 -4

## 1장

# 나는 비행보다 중국어가 좋다

01 내 삶을 이끌어 준 하나의 끈, 중국어     -15

02 내가 중국어에 올인한 이유     -23

03 나는 중국어로 수다 떨러 출근한다     -30

04 나는 비행보다 중국어가 좋다     -38

05 내 비행의 최종 목적지는 중국어 코치다     -45

06 직장인이라면 중국어를 배워야 한다     -52

07 직장인에게 외국어 공부만큼 현실적인 자기계발은 없다     -59

## 2장

# 중국어 어떻게 공부해야 할까

01 왜 중국어를 시작도 전에 포기하는가        -69

02 중국어에 대한 편견과 오해        -75

03 중국어 공부 전 명심할 사항 4가지        -82

04 시작이 반이다        -89

05 중국어는 갈수록 쉽고 재미있어진다        -96

06 중국어 공부, 토익처럼 하지 마라        -103

07 중국어는 세상에서 가장 럭셔리한 언어다        -110

08 승무원이 되고 싶다면 중국어를 배워라        -116

## 3장

# 놀면서 배우는 실전 중국어

01 놀아도 중국어 환경에서 놀아라 -127

02 자원봉사도 중국어가 필요한 곳에서 하라 -134

03 여행을 가더라도 중국어 문화권으로 가라 -142

04 각종 스터디, 동호회를 활용하라 -150

05 나만의 중국 노래 18번을 찾아라 -157

06 덕질하는 분야의 중국어 콘텐츠를 찾아라 -164

07 우아하게 중국어로 수다 떠는 방법 -170

08 즐기다 보면 어느새 고수가 된다 -176


## 4장

# 영포자도 중국어 고수 되는 8가지 방법

01 발음과 성조, 단번에 완성하려 하지 마라 -185

02 의미 따지지 말고 소리 내어 낭독하는 훈련을 하라 -192

03 반드시 단어가 아닌 덩어리로 암기하라 -199

04 쓰지 말고 눈으로 사진 찍듯 익혀라 -205

05 좋은 표현은 바로 내 것으로 만들어라 -211

06 수준에 맞는 쉬운 중국어 책부터 읽어라 -217

07 나만의 중국어 정리 노트를 만들어라 -224

08 중국 유명인사의 명강의를 따라 해 보자 -231

## 5장

# 나는 중국어로 더 넓은 세상을 만났다

01 내 인생을 바꿔 준 중국어야, 씨에씨에 -241

02 중국어가 이렇게 쓸모 있을 줄이야 -248

03 중국어로 키워 낸 자신감 근육 -254

04 나는 중국어로 더 넓은 세상을 만났다 -261

05 중국어는 모든 것을 가능하게 해 준 필살기다 -268

06 캐리어 끄는 여자에서 중국어 코치로 -274

07 내 인생의 중국어, "곧 이륙합니다." -281

# 1장

# 나는
# 비행보다
# 중국어가
# 좋다

# 내 삶을 이끌어 준
# 하나의 끈, 중국어

## 이상과 현실은 달랐다

2년 전, 나는 많은 사람들이 부러워하는 대기업을 스스로 그만 두었다. 한때는 평생직장이라 생각하며 이곳에 뼈를 묻겠다고 다짐하기도 했던 나였다. 직장인의 신분에서 벗어나 지난 10년을 되돌아보았다. 회사가 나에게 남겨준 건 퇴직금 몇 푼과 저질 체력뿐이었다. 하지만 다행히도 나에겐 끝까지 놓지 않았던 한 가닥 끈이 있었다.

나는 대학 졸업을 코앞에 둘 때까지도 하고 싶은 일이 무엇인지, 어떻게 살고 싶은지에 대한 깊은 고민 따위는 하지 않았다. 그저 이름 있는 대기업에 가고 싶었다. 교수님과 친구들, 가족 앞에서 우쭐대고 싶었다. 지원 자격이 되기만 하면 분야를 가리지 않고 닥치는 대로 지원하고 면접을 보러 다녔다.

4학년 2학기 중간고사가 막 끝난 시점이었다. 나는 한 유통업계의 해외마케팅 부서와 중국 항공사의 사무직에 동시에 합격했다. 나는 무조건 대기업에 가야겠다고 결정했다가 유통업계는 여자가 오래 버티기 힘들다는 가족의 만류에 바로 포기했다. 당시 학교에서는 입사 확인서를 제출하면 기말고사를 보지 않아도 성적을 인정해 주었다. 그 사실 하나만으로 나는 별다른 고민 없이 첫 사회생활을 시작했다.

그렇게 쉽게 입사한 직장생활은 만족스럽지 않았다. 나는 3개월 만에 회사를 나와 다시 취업전선에 뛰어 들었다. 그러다 중국계 은행 한국지점의 면접을 보게 되었다. 40분이 넘는 시간 동안 중국인 지점장과 1:1 밀착 면접을 보았다. 중국인 지점장은 면접 내내 칭찬과 관심을 보여 주었고, 나는 합격을 확신했다.

그 이튿날은 굴지의 모 그룹 최종 면접일이었다. 나의 전공인 국제통상학과에서 배운 무역 관련 지식과 어학실력을 발휘할 수 있는 최고의 회사와 업무라고 생각했다. 나는 정말 이 회사에 입사하고 싶었고 최선을 다해 면접에 임했다. 이번 면접도 왠지 느낌이 좋았다. 나는 '또 두 군데 다 합격하면 어떡하지?'라며 행복한 고민에 빠졌다.

며칠 뒤 예상치 못한 일이 발생했다. 먼저 면접을 본 중국계 은

행의 인사팀에서 전화가 왔다.

"강윤주 씨, 안녕하세요? 최종 합격을 축하드립니다. 지점장님께서 윤주 씨를 굉장히 마음에 들어 하시네요."

"네? 정말이요? 아! 정말 감사합니다! 입사일은 언제…."

"아, 오늘 저희 부서에 회식이 있는데 오셔서 인사 나누시면 어떨까 해서 전화 드렸어요. 오늘 저녁 시간 괜찮으시죠?"

나는 몹시 당황스러웠다. 물론 입사하고 싶은 회사였지만 갑작스러운 부름에 머릿속이 하얘졌다. 순간 '아, 그제 면접 보고 온 회사도 붙을 거 같은데…'라는 생각이 스쳤다. 지나고 생각해 보니 그날 다른 불가피한 핑계를 대고 회식자리에 참석하지 않아도 되었다. 만약 정식 입사 후 기다리던 결과가 나오면 그때 고민해도 늦지 않을 일이었다. 하지만 나는 그때 '모 아니면 도'로 직진밖에 생각할 줄 몰랐다.

"죄송합니다만, 가장 가고 싶은 회사의 최종 결과를 기다리는 중이라서요…."

그렇게 나는 바보처럼 두 회사를 모두 떠나보냈다. 오매불망 기다리던 회사의 불합격 메시지를 받은 날, 나는 세상이 무너지는 것 같은 충격에 빠졌다.

그렇게 다시 취준생 생활을 이어갔다. 졸업 후 시간이 지날수록 서류 합격률조차 현저히 낮아지는 것이 느껴졌다. 2개월 뒤 모 회사의 면접을 보러 갔다. 나는 그곳이 화학 관련 회사라는 것 외에 다른 정보들은 제대로 알아보지도 않은 상태였다. 면접관들은 나에게 "여자인데 영업을 잘할 수 있겠어요?"와 같은 질문을 하기 시작했다. 심지어 "이상과 현실과의 괴리를 느낄 때가 언제인가요?"라고 물어보았다. 나는 그만 "이런 질문을 받는 지금 이 순간 이상과 현실과의 괴리가 느껴집니다."라고 대답해 버렸다. 면접관들은 눈을 동그랗게 뜨고는 "허허허…" 하고 웃었다.

당연히 떨어질 것이라 생각했는데 합격했다는 연락을 받았다. 내가 너무 당차 보여서 '영업맨'으로 키워 보겠다고 했다. 일부 임원들의 반대를 무릅쓰고 채용했다는 이야기를 들었다. 나는 동기 6명 중 유일한 여자였다. 나는 매일 아침 사업부장의 테이블을 닦고 화분에 물을 주는 것으로 하루 업무를 시작했다. 남자 직원들은 사우나와 술자리에서 상사들과 중요한 정보를 주고받았다. 우리 부서의 차장은 말끝마다 "여직원은 빠지고."라고 했다. 결국 나는 1년도 못 되어 다시 취업 시장으로 나오고 말았다.

## 다채로웠던 승무원의 삶

나는 어린 시절부터 전 세계를 여행하고 싶다는 꿈이 있었지만 단 한 번도 승무원을 꿈꾼 적은 없었다. 예쁜 유니폼을 입고 기내에서 많은 사람들에게 웃으며 서비스하는 일은 나같이 여러모로 평범한 사람이 하는 일이 아니라고 생각했다. 그저 남녀차별이 없고, 여성이 주를 이루는 회사가 좋을 것 '같아서' 승무원에 도전했다. 27세라는 다소 늦은 나이에 중국계 항공사인 에어마카오에 합격해 비행을 시작했다. 29세에는 국내 최고의 항공사인 대한항공으로의 이직에도 성공했다. 그렇게 총 10년을 승무원으로 근무했다.

비행은 생각보다 훨씬 재미있었다. 객실 승무원으로서 살아가는 삶은 무척 다채로웠다. 여성 직장인으로서는 꽤 높은 수준의 연봉과 고급 호텔에서의 편안한 휴식, 이색적인 식사를 누릴 수 있었다. 누구나 쉽게 해 볼 수 없는 다양한 것들을 세계 곳곳에서 경험하며 세상을 바라보는 시각을 넓힐 수 있었다. 일상생활 속의 나와 해외 현지에서의 나는 다른 사람같이 느껴지기도 했다. 몰디브 바

| 에어마카오 근무 시절 기내에서

다 한가운데에서 스노클링을 한 후 동료들과 시원한 현지 맥주를 마셨을 때, 두바이에서 사막 투어를 하고 밤하늘의 쏟아지는 별을 보았을 때 느꼈던 황홀한 기분은 지금도 잊을 수가 없다.

승무원으로 처음 입사하면 일반석 승객들을 응대하는 일을 한다. 승객이 콜 버튼을 누르면 재빨리 달려가 주문을 받고 해결한다. 갤리(기내 주방)에서 선배들이 준비해 주는 식사나 서비스 용품들을 승객에게 제공하는 일이다. 나는 승객들을 응대하는 일이 재미있고 적성에 맞았다. 오히려 갤리에서 분주하게 주방 업무를 하는 것은 영 젬병이었다. 매번 정성을 다해 응대한 덕분에 나는 승객들로부터 꽤 여러 번 칭송 레터를 받았다.

첫 칭송 레터는 뉴욕행 비행기에서 모셨던 한 승객이 보내준 것이었다. 당시 막내 듀티였던 나는 수시로 화장실 정리를 했다. 그 손님은 화장실 바로 옆 비상구 좌석에 앉은 분이었다. 그 승객은 내가 화장실을 체크하러 갈 때마다 눈만 끔뻑끔뻑하고 휴식을 제대로 취하지 못하고 있었다. 나는 평소대로 혹시 물이나 따뜻한 차가 필요하신 건 아닌지 수시로 여쭤 보고 챙겨드리려 노력했을 뿐이었다. 그런데 그분이 장문의 메일을 통해 "모든 승무원의 귀감이 된다."라며 크게 칭찬해 주었다.

또 한 번은 이스탄불에서 돌아오는 비행에서 만난 승객이었다. 그분은 "단 한 번도 찡그리지 않고 참 열심히 한다."라며 칭송 레터를 보내 주었다. 그 후 몇 년이 지나 프랑크푸르트행 비행기에서 그 손님을 다시 만났다. 나는 갑자기 그 승객이 예전에 탑승했던 편명과 기종, 좌석번호가 떠오르면서 당시 요청했던 '오렌지주스에 보드카'를 만들어 드렸다. 그 승객은 크게 놀라며 다시 칭송 레터를 보내 주었다.

어떤 사무장은 나에게 "일반석에서 일등석처럼 우아 떨지 말라."라며 비꼬기도 했다. 하지만 나는 내 비행기, 내 구역에 있는 승객만큼은 잘 챙겨 드리고 좋은 인상과 추억을 남겨 주는 것이 내가 할 일이라는 생각뿐이었다. 물론 힘들게 하는 소위 진상승객들도 있었다. 하지만 그런 까다로운 승객들은 내 인생에 큰 영향을 끼치지 않았다.

## 변덕이 심한 내가 유일하게 놓지 않은 것은 중국어뿐이었다

나는 대한항공에 입사하고 2년 만에 부사무장으로 초고속 승진을 했다. 앞으로의 회사생활이 편해지고 더욱 승승장구하려면 신경 써야 할 것들이 많았다. 특히 이제 갤리 업무를 주로 맡게 되었기 때문에 업무 스킬의 향상이 시급했다. 광범위하고 깊은 비행 업무 지식을 익혀야 했다. 나는 다른 승무원들보다 빨리 첫 진급을 했기에 시기와 질투의 대상이 되었다. 팀 내외 상사들, 선배들과의 관계를 원활하게 하기 위한 몸부림이 필요했다. 매년 두 번씩 치러지는 살 떨리는 '성과 및 역량 평가' 관리에 들어가야 했다.

하지만 정작 나는 그런 것들이 무의미하게 느껴졌다. 회사에서 오래 버티기 위한 공부와 노력을 하고 싶지는 않았다. 나는 상사가 인격적으로나 업무적으로 훌륭하고 존경할 만한 분이라고 생각하면 진심을 다해 잘해 드리고 감사함을 표현했다. 하지만 정말 필요한 직장 내 사회생활에는 몹시 서툴렀다.

나는 비행을 오래 하고 싶었지만 언제든 이 직장을 떠날 수 있다는 것을 알고 있었다. 자의든 타의든, 어느 날 갑자기 회사를 그만두게 되더라도 나만의 '필살기' 하나쯤은 꼭 있어야 한다고 생각했다. 워낙 싫증을 잘 내고 변덕이 심한 내가 유일하게 오랫동안 포기하지 않고 계속해 온 것은 오로지 중국어 공부뿐이었다. 그래서 나는 중국어에 집착했다. 중국어는 언제 어떻게 내 삶이 변하게 되더라도 끝까지 붙들고 갈 하나의 '끈'이었다.

# 내가 중국어에
# 올인한 이유

## 어느 날 중국어가 내 귀에 꽂혔다

나는 20대 중반이 될 때까지 정말 아무 생각 없이 살았다. 수능을 치르고 점수에 맞춰 대학교에 들어갔다. 치열하게 입시 전략을 짜서 지원하지도 않았다. 수시니 정시니 하는 이런 저런 시도도 하지 않았다. 이미 모의고사보다 많이 떨어진 점수에 실망하고는 그저 집에서 가까우면서도 학과 이름이 '있어 보이는' 전공을 골라 특차로 입학했다. 특차는 정시 지원을 하기 전 수능 성적만으로 입학을 일찌감치 결정짓는 제도였다.

대학에 입학하고서도 아무 생각이 없었다. 목표한 학교가 아니었기에 애교심이나 긍지도 별로 없었다. 전공과목은 낯설고 어렵기만 했다. 나는 신입생의 놀 권리를 충분히 행사했다. 그렇다고 엄청 대단하게 후회 없이 놀아본 것도 아니다. 동아리나 학회 활동도 하지 않았다. 그저 수업을 빼먹고 학생 휴게실에서 빈둥거리거나 PC방에서 고스톱 게임이나 하는 한심한 수준이었다. 스무 살 젊은 나이에 무기력증에 빠진 그저 그런 학생이었다.

그러다 어느 날 중국어가 내 귀에 꽂혀 들어왔다. 대학교 1학년 때 학교에서는 반드시 일본어나 중국어를 수강하도록 했다. 2학년으로 올라가기 전 둘 중 하나를 반드시 전공 언어로 선택해야 했다. 나는 두 언어가 다 처음이어서 그중 어느 언어가 나에게 맞을지 잘 몰랐다. 그래서 일본어와 중국어를 동시에 수강하여 배우기 시작했다. 그런데 이상하게 일본어는 외우고 돌아서면 하나도 기억이 나지 않았다. 한편 중국어는 마치 노래를 부르는 것 같은 느낌이 들면서 '왠지 재미있게 잘 배울 수 있겠다'라는 자신감이 들었다. 어릴 때부터 한자를 좋아했던 나는 중국어가 나에게 '딱'이라고 확신했다. 그렇게 나는 바로 중국어와 사랑에 빠졌다.

1학년 때 학교에서 진행하는 '장보고 해상 무역 프로그램'을 통해 배를 타고 중국에 갔다. 그것이 태어나서 처음으로 외국에 간 것이었다. 친구들, 교수님들과 추억을 쌓는 것 자체도 나에겐 무척이나 특별하고 소중한 시간이었다. 중국 땅에 처음 도착했을 때의 느낌은 언뜻 무질서하고 혼돈스럽다는 것이었다. 하지만 그 안에 엄청난 힘과 생기가 살아 꿈틀대는 듯한 중국인의 악착같은 기질을 무의식중에 느낄 수 있었다. 그때 한순간에 반한 중국은 내 인생을 송두리째 바꿔 놓았다.

나는 중국에 가서 공부를 하기로 결심했다. 중국에 가기 전 6개월 동안 종로의 대형 학원에서 매일 살다시피 했다. 중국에 가서도 초급반에서 처음부터 다시 중국어를 배우고 싶지 않았기 때문이었다. 아침부터 수업을 듣고 학원 자습실에서 자율 학습을 한 후, 점심을 먹고 나서는 다른 수강생들과 함께 그룹 스터디를 했다. 학원에서 진행하는 말하기 대회에 참여해 보기도 했다.

그때까지 나는 유학을 갈 지역으로 베이징이나 상하이만 생각하고 있었다. 그러다 학원 선생님 덕분에 창춘이라는 지역을 알게 되었다. 물가가 저렴할 뿐만 아니라 그 지역 사람들의 발음이 굉장히 좋아서 아나운서도 많이 배출되는 지역이라고 했다. 나는 창춘에서도 한국인이 비교적 적다는 길림대 지질대학 캠퍼스를 선택했다.

## 중국 유학 1년 만에 고급 10급을 취득하다

학교에 도착하고 보니 이제 막 중국어를 시작하는 유학생이 대부분이었다. 나도 특별히 중국어를 내세울 수 있는 수준이 결코 아니었다. 그나마 이제 막 도착한 몇 안 되는 학생들 중 초급 수준은 벗어난 상태에 있는 유일한 사람이었다. 그런 이유로 나는 중국에 가자마자 처음부터 선생님과 학생들 간의 통역을 맡아 하게 되었다.

나보다 8개월가량 늦게 중국에 온 한 남학생이 있었다. 어느 날 그가 쭈뼛거리며 다가와 도움을 요청했다.

"저기… 내가 지금 항문이… 너무 아픈데 중국어를 못해서 약을 사지도 못 하고 있어. 근데 점점 더 아파져. 나랑 같이 병원에 좀 가 줄 수 있니?"

본의 아니게 한 남학생의 보호자이자 통역으로 대학병원의 항문외과에 가게 되었다. 전혀 알아듣기 어려울 거라 생각했던 의사의 말이 대부분 들리자 나도 모르게 기쁨의 탄성이 나왔다.

새롭게 개정된 현재의 중국어능력시험 신HSK는 6급이 최고 급수다. 수험생 스스로가 시험 볼 급수를 정해 응시를 하고 일정 점수 이상이면 합격증이 나온다. 15년 전 내가 중국에 있을 때는 개정 전인 구HSK를 치렀다. 중급과 고급 시험으로 구분이 되어 있었고 취득한 점수에 따라 급수가 매겨지는 것이다. 성적표가 나오기 전까지는 내 급수를 알지 못하는 것이 지금의 시험과는 다른 점이다. 또한 총점이 아무리 높아도 한 과목이라도 40점 미만으로 과락이 있으면 급수가 아예 나오지 않았다.

나는 유학 5개월 만에 중급에서 가장 높은 급수인 8급을 취득했다. 그것도 따로 시험용 공부를 하지 않았고 그저 학교 커리큘럼을 열심히 따라가며 회화에 매진했던 결과였다. 시험 문제를 푸는데 저절로 정답이 보였다.

나는 바로 고급 시험 준비에 들어갔다. 고급은 중급과는 차원이 달랐다. 듣기, 독해, 쓰기, 말하기 네 과목을 골고루 완벽하게 준비해야 하는 것은 물론이었다. 처음에는 내 중국어 실력이 퇴보한 것처럼 느껴지고 막막하기만 했다. 책을 펼치면 하얀 건 종이요, 까만 것은 글자였다. 나는 HSK만 전문으로 가르치는 선생님, 회화를 봐주는 선생님, 어휘를 체크해 주는 선생님 등 나에게 맞는 현지인 선생님을 스스로 찾아냈다. 그렇게 열심히 공부한 결과 중국 유학 1년 3개월 만에 고급 10급이라는 높은 급수를 취득할 수 있었다.

## 평범하던 나를 특별하게 만들어 준 중국어

중국에서 돌아온 후에는 중국과 관련된 행사나 봉사활동에 수시로 참여했다. 4학년 때는 한중미래숲 4기 청년봉사단원에 선발되었다. 전 주중 대사를 역임했던 권병현 대표님이 이끄는 대학생 봉사 단체였다. 면접을 통해 선발된 대학생들이 일주일간 중국의 베이징, 영하자치구 사막지역에 함께 갔다. 중국에 가기 전 세미나를 통해 중국에 대해 공부하면서 문화 공연을 준비했다.

사실 나는 사전 세미나에 참석하며 행사 준비를 하는 동안 존재감이 거의 없는 학생이었다. 함께 선발된 학생 대부분이 SKY 또는 명문대학 학생들이었다. 나는 누가 뭐라 하지 않았는데도 스스로 주눅이 들어 있었다. 실제로 다른 학생들이 어떤 사람들이었는지 학교 간판 외에는 아는 것이 없었다. 하지만 내 눈에는 다 예쁘고 잘생긴 데다 똑똑하고 부티가 줄줄 흐르며 자신감이 넘치는 학생들이었다. 나는 그들 앞에서 자꾸만 자신감이 없어졌고, 스스로 조용히 묻어가는 학생 중 한 명이 되려고 했다.

그러던 어느 날, 내가 한국 학생 대표에 뽑혔다는 연락을 받았다. 고대생인 또 다른 남학생과 함께였다. 우리는 중국 방문 기간 내내 문화 공연 및 전체 활동의 사회자로서 진행을 이끌었다. 우리 방중단은 중국 사막지역에 가서 황사 방지 나무 심기 활동을 대대적으로 진행했다. 베이징에서는 북경대, 칭화대 학생들과 열띤 토론을 벌이고 공연도 하며 우정을 쌓았다. 우리의 일정을 따라 〈인민일보〉 등 중국의 언론사들이 취재를 하러 왔다. 한국의 KBS에서도 취재를 왔다. 그때마다 내가 앞에 나가서 인사말과 소감 등을 발표했다. 나와 남학생 둘은 대표로서 중국중앙방송(CCTV) 한국어

| 한중미래숲 4기 청년봉사단 활동 시절 중국 사막지역에서 황사 방지 나무 심기 후 동기들과 함께

방송국에 직접 가서 라디오 녹화 방송도 진행했다. 귀국 후에는 다른 5명의 학생들과 〈한국일보〉와 인터뷰하며 방중단으로서 다녀온 소감, 사막에서 나무심기를 하며 배운 점을 이야기하기도 했다.

항공사에 입사해서도 나는 중국어를 잘하는 특이한 승무원이었다. 대한항공의 최종 면접을 보던 날, 면접관이었던 상무님은 "대졸 공채 출신 중에도 HSK 10급은 거의 없는데…. 대단합니다!"라며 나를 추켜세워 주었다. 그리고 나는 29세, 심지어 기혼의 신분으로 대한항공에 입사했다.

한번은 회사에서 대통령 전용기 탑승 승무원(코드원) 면접을 보러 오라고 했다. 그동안 나는 대통령 전용기 탑승 승무원은 얼굴이 미스코리아 뺨치게 예쁜 승무원 중에서도 근무를 정말 잘하는 사람들만 되는 것이라고 생각했다. 물론 나는 코드원 승무원에 뽑히지 못했다. 하지만 그곳에서도 중국어에 대한 무한 칭찬을 받았다.

"윤주 씨는 앞으로 교육원으로 보내야겠네."

내가 중국어를 유창하게 구사하지 못했다면 나에게 그런 기회들이 올 수 있었을까? 나는 중국어로 사람들 앞에서 돋보였던 경험이 수없이 많다. 자격지심만 가득했던 내가 중국어를 통해 자신감을 회복했다. 내가 특별한 사람이라고 깨닫게 된 것이다. 평범하기 짝이 없던 내가 중국어에 올인할 수밖에 없었던 이유다.

# 나는 중국어로
# 수다 떨러 출근한다

## 우여곡절 승무원 신고식

"Ladies and Gentlemen, We are approaching Macau International Airport."

정신을 차려 보니 나는 마카오행 비행기에 탑승해 있었다. 창밖으로 보이는 풍경이 중국의 익숙한 그것과는 또 달랐다. TV에서 보았던 미국 라스베이거스와 비슷한 느낌의 화려하고 웅장한 건물들이 눈앞에 펼쳐졌다.

'내가 정말 승무원이 된 걸까? 이 일을 잘할 수 있을까? 차라리 이게 여행이었다면 얼마나 좋았을까?'

설렘보다는 왠지 모를 두려움이 앞섰다. 사실 나는 비행기 타는 것이 무서웠다. 3개월 동안 항공사 사무직으로 근무할 때 선배들은 나에게 승무원을 하면 어울릴 것 같다고 말했다. 하지만 나는 그때마다 한사코 손사래를 쳤다. "전 비행기 무서워해요."

중국에서 연수를 하던 시절 여름방학을 맞아 잠깐 한국에 들어왔다. 엄마가 해 주시는 집밥이 너무 먹고 싶었다. 며칠 집에서 푹 쉬다가 창춘으로 다시 들어가던 날, 하필이면 아침부터 비가 억수로 쏟아졌다. 인천에서부터 한참을 대기하던 비행기는 간신히 이륙에 성공했다. 그런데 이륙 후가 더 문제였다. 비행하는 내내 어찌나 심하게 흔들리던지 밥이 입으로 넘어가는지 코로 넘어가는지 모를 정도였다. 두어 숟가락 먹다가 멀미가 나서 계속 먹는 것을 포기하고 치워 주기를 기다리고 있었다. 그때 갑자기 비행기가 몇 초간 수직 하강했다.

"으악!"

모든 사람들이 소리를 지르고 기내식 트레이가 위로 솟구쳤다. 아수라장이 된 기내를 승무원들이 정신없이 치우는 모습을 보았다. '사람 할 짓이 아니네'라고 생각했다.

그랬던 내가 승무원이 되겠다고 낯선 마카오를 향해 날아가고 있다니…. 믿을 수가 없었다. 그날부터 나는 소방관이 되기도 했다가 간호사가 되기도 했다. 비상탈출 훈련을 받으면서 울다가, 서비스 훈련을 받으며 웃기를 반복했다. 매일매일이 실기시험과 필기시험의 연속이었고 내내 잠도 제대로 못 잤다. 동기들은 "진작 이렇게 공부했으면 하버드도 갔을걸!"이라며 앓는 소리를 했지만 얼굴에는 숨길 수 없는 행복감이 그대로 드러났다.

드디어 빨간 원피스 유니폼을 입게 되었다. 첫 정식 근무를 하던 날, 나는 신고식을 제대로 치렀다. 마카오에서 타이베이로 가는 저녁 비행기였다. 브리핑에서부터 중국인 사무장은 나 때문에 걱정이 한가득이었고 필리핀 부사무장은 이미 짜증이 잔뜩 나 있는 상태였다.

"단 한 자리도 빈 좌석 없이 꽉 찬 만석인데 하필 한국인 신입이라니…."

나는 무거운 마음으로 비행기에 올랐다. 여기저기서 울려 대는 콜 버튼이 잘 보이지도, 잘 들리지도 않았다. 부사무장이 계속 노려보며 말했다.

"에리카, 정신 똑바로 차려. 콜 버튼 안 보여?"

결국 나는 부사무장이 아닌 한 대만 승객에게 욕을 한 바가지로 먹었다.

"내가 몇 번을 눌렀는데 왜 코앞에서 보고도 그냥 지나치는 거야?"

나는 거의 울듯이 말했다.

"정말 죄송합니다. 보고도 그냥 지나친 것이 아니에요. 오늘 처음 근무를 시작한 한국인 신입입니다. 죄송합니다."

당장 한국으로 돌아가고 싶은 충동이 들었다. 터벅터벅 영혼 없이 선배들의 뒤를 따라 타이베이공항 입국장으로 들어가고 있는데 사무장이 나에게 다가왔다.

"에리카, 오늘 힘들었지?"

"네, 죄송합니다. 제가 너무 긴장했는지 아무것도 안 보이고 안 들렸어요. 다행히 화가 났던 그 대만 손님은 금방 괜찮아지셨어요."

"괜찮아. 처음엔 누구나 다 실수해. 그러니까 그렇게 계속 눈치 보지 않아도 돼. 내일 돌아갈 때는 더 잘할 수 있어. 오늘 잠 잘 자고 나와, 알겠지?"

필리핀 부사무장은 다음날도 나만 보면 한숨을 푹푹 쉬어댔지만, 너그러운 사무장을 만난 건 나로선 천만다행이었다.

## 중국어라고 다 같은 중국어가 아니다

어수룩하던 한국인 신입승무원은 좌충우돌하며 조금씩 비행에 익숙해졌다. 여유로운 시간이 생기면 갤리에 삼삼오오 모여 이런저런 수다를 떠는 것은 또 다른 재미였다.

중국어라고 다 똑같은 중국어가 아니었다. 중국, 대만, 마카오 직원들 모두 표준 중국어(보통화, Mandarin)로 소통을 해도 각 지역 간 억양에 뚜렷한 차이가 있었다.

중국 대륙, 특히 베이징 사람들은 얼화(儿化)가 굉장히 심하다. 얼화란 단어의 끝에 er 발음을 붙여서 발음을 굴려주는 것이다. 남방으로 갈수록 얼화는 거의 사용하지 않는다. 대만 사람들은 혀를 말아 발음하는 권설음(卷舌音)을 아예 하지 못한다. 그리고 말끝에 '~아(啊)' 또는 '~요(唷)', '~로우(嘍)'와 같은 어미를 많이 써서 꽤 귀여운 느낌이 난다. 홍콩, 마카오 지역의 사람들은 평소에는 광둥어를 쓰는데 학교에서 보통화 교육을 받기 때문에 웬만한 젊은 사람들은 보통화 구사가 가능하다. 그들이 하는 보통화는 좀더 딱딱하고 질긴 느낌이 들 뿐만 아니라 중간 중간 영어 단어를 많이 섞어 쓴다.

가끔 같은 지역 동료들끼리 사투리로 이야기를 하거나 혼을 낼 때 다른 사람들은 전혀 알아들을 수 없다. 나 역시 종종 한국 동료에게 우리말로 소곤소곤 구시렁거리기도 했다. 나는 마카오에서 지내면서 중국, 대만, 홍콩과 마카오 사람들이 구사하는 중국어의 특징을 쉽게 구분할 수 있게 되었다.

## 가족처럼 버팀목이 되어 준 동료들

마카오항공은 규모가 작은 항공사라 소위 가족 같은 분위기였다. 좋은 일도 안 좋은 일도 금세 퍼지고 누구나 다 알게 되었다. 그렇기 때문에 사실 가족 같은 분위기가 마냥 좋은 것만은 아니었다. 그래도 누구 하나 '주류'가 아니라는 소외감은 없었다. 국적에 상관없이 동료이자 친구였다.

하지만 한국 회사는 분위기가 엄연히 달랐다. 한국 직원들과 외국인 직원들 간에는 분명한 선이 그어져 있었다. 주류와 비주류를 굿는 명확한 선이었다. 한국어를 잘하지 못할수록 그들은 아웃사이더가 되어 눈과 귀를 닫은 채 딱 정해진 자기 일만 할 수밖에 없었다.

나는 회사에서 외국인 승무원들을 볼 때마다 자주 감정이입을 했다. 근무를 하다가 잠깐 쫨이 나면 그들에게 한두 마디라도 꼭 말을 걸며 친근하게 대했다. 특히 중국 승무원들은 기대하지도 않았던 중국어를 듣고는 고향 사람을 만난 것처럼 좋아했다.

"어느 지역에서 왔어요? 비행할 만해요?"

"네? 어떻게 중국어를 이렇게 잘하세요? 아직 한국어가 익숙하지 않아서 너무 힘들어요. 일도 어렵고요. 오늘 많이 도와주세요."

자존심이 무척 센 중국 승무원들도 모국어로 마음을 헤아려 주는 나에게 약한 감정을 그대로 드러내며 의지하곤 했다. 근무가 끝나고 헤어질 때 눈물을 흘리며 쪽지를 건네 준 승무원도 있었다.

"언니, 만나서 정말 반가웠습니다. 매일 언니랑 비행하면 너무 좋겠습니다."

어설픈 한국어로 수줍게 고백하는 어린 중국 승무원들을 보면 마카오에서의 나와 오버랩되었다. 회사가 아무리 가족 같은 분위기였다 해도 그곳에서 나는 이방인이었고 외국인 노동자였다. 그래도 힘들 때마다 좋은 기운을 북돋아 준 동료들이 있어서 비행이 즐거웠고 버틸 수 있었다.

| 가족 같은 분위기로 즐거운 비행을 할 수 있게 도와준 에어마카오 승무원들

처음 마카오에서 지낼 때 날이 갈수록 살이 빠져 피골이 상접한 내 모습을 보고 진심으로 걱정하며 집에 데려가 밥까지 해 주었던 고마운 수키, 실수로 내 머리 위에 식은 커피를 쏟아 부어 두고두고 회자된 가십거리를 제공해 준 캘빈, 평소 무섭기로 유명하지만 은근 세심하게 챙겨 주던 클로이 사무장, 입만 열면 잔소리에 편애가 심해서 전 직원의 원성을 사던 저스틴, 발소리만으로도 존재감을 무섭게 알렸던 재스민 등…. 가끔은 마카오에서 그 동료들과 떨었던 끝없는 수다가 그립다.

대한항공에서 만났던 많은 중국인 및 다른 외국인 승무원들에게도 응원의 메시지를 보내고 싶다. 그들 대부분은 5년 이상 근무하지 못하고 고국으로 돌아간다. 그들 인생에서 가장 찬란하고 아름다운 20대 초반의 시기를 낯선 한국에서 보낸다. 부디 비행이라는 특별한 일을 통해 좋은 추억 많이 쌓으며 자신만의 인생 노트를 멋지게 그려나가길 바란다. 10년, 20년 뒤에도 웃으며 회상할 수 있는 회사생활이기를 진심으로 기도한다.

# 나는 비행보다
# 중국어가 좋다

## 순조롭지 않았던 승무원 생활

나는 몸으로 하는 일은 정말 젬병이다. 체육이 세상에서 제일 싫어하는 과목이었다. 학창시절 달리기는 매번 꼴찌 아니면 꼴찌에서 두 번째였다. 피아노는 참 좋아했고 또 곧잘 쳤다. 그런데 어느 날 피아노 발표회에서 갑자기 뒷부분을 통째로 잊어 먹고 결국 울며 무대에서 내려온 기억이 난다. 나는 공부해서 시험을 치르는 것은 두렵지 않았지만 몸을 움직이는 일 앞에서는 극도로 긴장했다.

그러니 승무원으로서의 생활은 시작부터 순조롭지 않았다. 트레이닝을 받을 때 매일 보는 필기시험은 그다지 걱정되지 않았다. 그저 열심히 개념을 이해한 후 외우고 또 외우면 될 일이었다. 문제는 언제나 실기였다.

입사 후 처음으로 보잉737 비상탈출 훈련을 받을 때였다. 보잉 737은 다른 대형 기종과는 달리 기체가 작고 낮다. 그래서 유사시 비행기에서 탈출할 때 비상 탈출용 슬라이드를 터뜨리지 않고 날개를 통해 아래로 뛰어내릴 수 있도록 미리 훈련을 받는다. 나는 거의 90도로 꺾인 항공기 날개 끝에서 완전 얼음이 되었다. 다른 훈련생들은 무섭다 하면서도 잘만 뛰어내리는데 나는 발이 도저히 안 떨어졌다. 누가 보면 번지점프라도 하는 사람 같았다. 겁에 잔뜩 질린 채 어설프게 뛰어내렸다. 쿵! 하는 소리와 함께 눈앞에 별이 왔다 갔다 했다. 단단한 바닥에 두 무릎을 그대로 박고 만 것이다.

| 안전교육을 마치고

창피해서 얼른 일어나고 싶었지만 너무 아파 다리가 펴지지도 않았다. 나는 한동안 무릎 전체에 얼굴 화장용 파운데이션을 바르고 출근을 했다.

비행을 하면서도 나는 업무 수행에 기복이 컸다. 똑같은 일을 하더라도 같이 비행하는 멤버에 따라, 그날의 컨디션이나 분위기에 따라 역량의 차이가 많이 났다. 보통 대부분의 승무원들은 비즈니스석, 일등석 교육을 받고 어느 정도 근무 기한을 채운 후에 부사무장 진급을 한다. 하지만 나는 먼저 진급을 한 직후에 상위 클래스 코드를 받았다. 이전 항공사에서의 경력을 인정받고 평가도 잘 받아 진급을 너무 빨리 해 버린 것이다.

비즈니스석에서 승객 응대 업무를 해 본 적도 없는데 졸지에 시니어 듀티를 하게 되었다. 나는 초고속 진급의 기쁨도 잠시, 장거리 비행을 하러 가기 전 날에는 긴장해서 온갖 짜증을 가족한테 다 퍼부었다. 다행히 같이 일하는 동료들과 손발이 잘 맞아서 비행을 무사히 마쳤을 때는 자신감이 솟아올랐다. 그러다 나의 실수나 부족함 때문에 일이 꼬이거나 상사에게 깨진 날은 자괴감에 휩싸여 오래도록 회복이 되지 않았다.

나는 매 비행마다 준비시간이 길었다. 비행 전 목적지에 대한 공부나 비행 서비스 전반에 대한 리뷰가 필요했다. 동기 중 A양 역시 빠른 진급을 하고 주어진 상황이 나와 비슷했다. 얼핏 보면 준비성도 철저하지 않고 설렁설렁 비행을 다니는 사람 같아 보였지만 그녀에게는 타고난 감각과 순발력이 있었다. 그래서 언제나 노련하게, 큰 어려움 없이 회사생활을 원활히 해 나갔다. 나는 아무리 준비하고 연습해도 센스를 타고난 사람을 당해낼 수가 없음을 깨달았다.

## 힘들고 지칠 때마다 나를 위로해 준 중국어

항공기 승무원은 대표적인 감정노동 직군이다. 때로는 죽도록 힘든 상황 앞에서도 밝게 웃으며 객실이라는 무대에서 연기를 해야 한다. 괴롭다고 잠깐 밖에 나가 머리를 식히고 올 수도 없다. 비행기에 올라타는 순간부터 목적지에 도착해 내릴 때까지 숨거나 도망칠 곳은 없다.

어떤 날은 같이 근무하는 승무원들끼리 유난히 기싸움이 심할 때가 있다. 그런 비행을 끝내고 나면 나는 호텔에서 바로 기절했다. 밖에 나가서 투어를 할 생각은 둘째 치고 씻을 힘조차 남아 있지 않을 때가 많았다. 오히려 신입 때에는 크게 와 닿지 않았다. 같이 밖에 나갈 맘 맞는 동료가 없다 싶으면 혼자서라도 투어를 나갔다. 그런데 점점 모든 것이 버겁고 귀찮아졌다.

'에이, 귀찮아. 다음에 또 오면 되지 뭐.'

한동안은 해외 호텔에서 체류하면서 밥도 제대로 먹지 않고 시체처럼 누워서 잠만 자는 생활을 계속하기도 했다.

그러다 비행용 짐을 쌀 때마다 꼭 책을 챙겨 넣기 시작했다. 가만히 누워서 의미 없는 인터넷 서핑이나 하다가 돌아오고 싶지 않았다. 스케줄 몇 개만 소화하면 금세 한 달이 지나가는 세월의 속도가 무섭게 느껴졌다. 장르를 불문하고 손에 잡히는 대로 책을 가져가서 읽었다. 한 장도 제대로 읽지 않고 돌아오는 날도 많았지만, 책을 챙기는 것을 습관화하려고 노력했다.

부족한 영어 실력을 향상시켜야겠다 싶으면 영어책을 들고 갔다. 한동안은 일본어 회화에 도전해 보겠다며 일본어 책을 가지고 가서 공부하기도 했다. 소설이나 시 같은 문학 작품보다는 실용 서적과 자기계발 관련 책들을 주로 챙겼다. 책을 읽고 지식도 쌓으며 긍정 에너지를 얻었다는 생각이 들 때면, 운동화와 체육복을 챙겨 입고 호텔 헬스장으로 향했다. 그럴 땐 내가 살아있음을 느꼈다.

물론 가장 많이 챙긴 것은 중국어 책이었다. 어느 날에는 문법책, 언제는 중국어로 쓰인 소설책, 어떨 땐 어린이용 동화책 등 종류를 크게 가리지 않았다. 어차피 다 중국어 책이었다. 좋아하는 구절은 노트에 적어 보기도 하고 큰 소리로 낭독도 해 보았다. 맘에 드는 짧은 문장이나 단어는 카카오톡 프로필에 적어두고 마음속에 새겼다.

온라인 스터디도 꾸준히 참여했다. 스터디는 정해진 기간 내에 정해진 분량을 공부하고 그 흔적을 사진 찍어 공유하는 것이었다. 반 강제성이 있는데다가 스터디 멤버끼리 응원하며 서로 끌어 주고 따라갈 수 있어 매우 좋았다. 이미 제일 높은 급수의 자격증을 회사에 제출해 더 이상 시험을 볼 필요가 없었지만 나는 주기적으로 시험에 응시했다. 나의 귀차니즘과 무기력증, 가면성 우울 증세를 치료해 주는 데 중국어만 한 것이 없었다.

## 중국어를 통해 진짜 나를 찾기

나는 비행을 언제까지 할 수 있을지 확신이 없었다. 아무리 생각해도 나는 항공사라는 거대 조직에 오래 몸담을 수 있는 사람이 아니라는 결론을 내렸다. 비행을 하며 한 해, 두 해, 몇 해가 지나고 돌아보니 어느새 나의 자존감은 바닥으로 떨어져 있었다. 물론 십수 년을 비행해도 끄떡없이 언제나 자신감 있게 생활하며 타의 모범이 되는 선배들도 많았다. 정년퇴직을 하는 사무장들도 있었다. 하지만 나는 멘탈이 너무 나약했다. 그나마 내가 15년 넘도록 꾸준히 잘하고 즐기는 것은 중국어 하나뿐이었다.

더 이상 회사가 나에게 비전을 제시해 주지 못한다고 생각했을 때 나는 과감히 사표를 던졌다. 나와 가까이 지냈던 동료들 몇 명에게만 조용히 퇴사 소식을 알렸다. 나를 예뻐해 주시던 몇 분의 팀장님들께 감사의 인사를 드렸다. 일이 많이 힘들면 휴직을 하고 쉬다가 다시 돌아오면 되지 않겠느냐고, 곧 진급이 되면 더 편해질 텐데 섣불리 그만두지 말라고 붙잡는 사무장님도 계셨다. 매달 꼬박꼬박 들어오는 높은 수준의 월급과 비교적 탄탄한 복지, 멋진 호텔에서의 휴식, 이국적 식사, 평일에 쉴 수 있다는 모든 장점을 포기하는 것에 대한 걱정이었다. 내가 회사를 떠나야 하는 이유 또한 많았다. 농축된 고강도 노동, 잦은 시차 변화로 인한 건강 문제, 수많은 사람들의 손발이 되어 주면서 안전까지 책임져야 한다는 부담감과 압박감으로 인한 우울한 감정, 아이들 양육 문제, 나를 대신해 아이들을 돌봐 주시는 어머니에 대한 미안함 등등….

하지만 그 무엇보다도 나는 내가 가장 좋아하고 잘하는 중국어를 통해 진짜 나를 찾는 삶을 살고 싶었다. 나는 20대와 30대 시절을 중국어와 함께 보냈다. 중국어 실력 덕분에 원하는 회사에도 비교적 쉽게 들어갔다. 회사생활이 힘들 때도 중국어로 위로를 받고 희망을 찾았다. 중국어라는 든든한 '빽'이 있었기에 퇴사가 두렵지 않았다. 나는 비행보다 확실히 중국어가 좋았다.

# 내 비행의 최종 목적지는
# 중국어 코치다

## 나는 마음먹으면 바로 시작한다

나는 회사를 그만둔 직후 일주일간 하이난 여행을 다녀왔다. 일부러 최대한 관광 일정을 넣지 않고 푹 쉬면서 머리를 식히고 오기 위한 여행이었다. 꿀맛 같은 여행에서 돌아오자마자 곧바로 중국어 강사가 되기 위한 준비를 시작했다. 누가 등을 떠미는 것도 아닌데 또 그렇게 급하게 실전으로 뛰어들었다. 나는 한번 마음을 먹으면 이리저리 재고 고민하는 시간이 완전 짧다. 아니, 거의 없다. 설령 나중에 후회할지라도 일단 마음속에 불덩이가 뜨거워지면 당장 시작하지 않고는 못 배기는 것이다.

나에게는 눈에 넣어도 아프지 않을 사랑스러운 쌍둥이 딸들이 있다. 회사에 다닐 때도 집에 돌아오면 딸들과 함께 노래하고 춤추면서 우리만의 중국어 수업을 하는 것이 삶의 낙이었다. 아직 학교도 다니지 않는 어린 딸들이었지만 엄마에게 중국어 배우는 것을 흥미롭고 신나는 놀이로 받아들여 주었다.

한번은 원어민 강사를 집으로 오게 해 체험 수업을 받아 보았다. 그때 아이들은 질겁하며 선생님을 거부했다. 몇 개월 뒤, 이번에도 원어민 선생님이 운영하는 중국어 학원의 유치부에 보내 보았다. 재미없어서 가기 싫다는 아이들을 엄마 욕심에 2개월이나 보냈다. 엄마와 놀면서 중국어를 배울 때 기대 이상으로 쏙쏙 흡수하던 딸들이었다. 그러니 원어민 선생님에게는 어련히 잘 배울까 싶어 학원을 어떻게 다니는지 신경도 안 쓰고 있었다. 그러다 어느 날 우연히 학원 밖에서 수업하는 모습을 지켜보았는데, 내 두 딸들을 포함한 세 명의 여자아이들이 무표정한 얼굴로 미동도 없이 책상 앞에 앉아 있는 것이었다.

나는 당장 학원을 그만두게 했다. 그것은 내가 바라던 모습이 아니었다. 나는 오감을 열고 온몸으로 중국어를 즐길 수 있는 공간과 선생님을 찾고 싶었다. 그것은 중국어뿐만 아니라 영어도 마찬가지였다. 나는 내가 그 역할을 해야겠다고 마음먹었다. 어린 친구들이 '세상에 이렇게 재미있는 언어가 있구나'라고 느끼게 해 주고 싶었다. 중국어에 대한 긍정적인 첫인상을 심어 주고 싶었다. 나는 어린이 전문 강사가 되기 위한 교육을 받기 시작했다.

## 어린이 중국어 전문 강사의 중요성에 대한 인식이 커지고 있다

교육을 받아 보니 중국어 구사 능력뿐만 아니라 무엇보다도 아동 학습자에 대한 깊은 이해가 필요함을 알게 됐다. 어린이의 눈높이에서 재미있고도 효과적인 학습을 할 수 있는 방법과 노하우를 신나게 배웠다. 나는 최선을 다해 교육에 임했다. 아직 정식으로 시작한 수업도 없었지만 당장 내일부터 수업에 투입되어야 하는 사람처럼 매일 밤 오리고 붙이며 교구를 만들었다. 아이들과 조카 앞에서, 남편 앞에서, 가끔씩은 혼자 카메라로 녹화하면서 내 수업 모습을 확인하고 부족한 부분을 수정했다.

그렇게 수업을 하나둘 늘려 갔다. 유치원 방과 후 수업에도 나가고 방문수업도 마다하지 않고 달려갔다. 한번은 가까이 지내는 바이올린 선생님의 소개로 근처 어린이집 원장님을 만나게 되었다. 원장님의 반응은 예상했던 대로였다.

"아직 우리말도 제대로 하지 못하는 아이들이라 사실 영어수업도 신경이 많이 쓰여요."

"네, 원장님. 충분히 이해합니다. 그렇지만 저는 중국어를 주입식으로 수업하지 않습니다. 아이들과 노래 부르고 간단한 게임도 하면서 아주 쉽고 재미있게 조금씩 스며들게 하는 수업이에요."

감사하게도 원장님은 나에게 5분간의 시범 수업 기회를 주셨다. 나는 옛날 중국 공주 머리띠를 하고 미리 만들어 둔 교구들을 들고 어린이집에 들어갔다. 결과는 대성공이었다. 원장님과 선생님들은 물개박수를 쳐 주었고 나는 그곳에서 중국어 수업을 시작했다. 그해 어린이집 부모님들을 대상으로 실시한 특별활동 프로그램 만족도 조사에서 나의 '놀이중국어'가 1등을 했다. 아이들은 원에서 자유놀이를 할 때나 집에서 시간을 보낼 때도 흥얼흥얼 내가 가르쳐 준 중국어 노래를 불렀다. 어린이집에 들어가면 예쁜 아가들이 두 팔을 벌리고 나를 안아 주며 "니하오."라고 인사해 주었다.

나는 1년간 어린이집, 유치원, 방문과외, 센터수업 등 아침부터 저녁까지 닥치는 대로 수업을 했다. 자신감을 얻은 나는 1인 학원 교습소를 개원했다. 나는 교습소를 개원하면서 나만의 차별화된 수업을 계획했다. 아직까지 중국어의 시장성은 영어와 비교할 수 없

| '놀이중국어'는 어린이의 눈높이에서 재미있고도 효과적인 학습을 진행한다.

다. 주변에 있는 대형 중국어 학원 몇 군데가 문을 닫았다. 나는 '유치부, 초등부 전문'의 이미지를 만들기 위해 인테리어 단장과 홍보 역시 알록달록하면서도 세련된 콘셉트로 진행했다. 처음 5명으로 시작했던 교습소의 학생 수는 개원 5개월 만에 40명을 넘겼다.

단기간에 열정적으로 어린이 중국어 수업을 하며 성과를 낸 덕분에 어린이 중국어 강사 양성 교육 기관의 전임강사로도 선임되었다. 한국인, 중국인 예비강사 및 현직 강사들을 대상으로 어린이 중국어 수업 노하우를 강의하고 있다. 어떨 때는 나보다 훨씬 경력이 오래된 베테랑 선생님들 앞에서 유명 동화책 활용 방법, 요리를 접목한 중국어 수업과 같은 특강을 하기도 한다. 수강생 대부분은 중국어를 전공했거나 유학 경험이 있지만 결혼과 출산, 육아로 경력이 단절된 여성들이다. 그들은 교육원에서 나의 수업을 들으며 다시 사회에 진출할 수 있다는 희망과 용기를 품는다. 나는 나의 교수법과 열정을 중국어 강사들에게 인정받고 있다.

## 진짜 실력을 키우고 자신감과 패기를 갖춰라

어린이 중국어 수업 외에도 나는 현재 인천 송도와 서울 마곡에서 항공사 및 일반 기업 입사를 준비하는 사람들을 대상으로 취업 컨설팅 및 중국어 강의를 하고 있다. 내 오랜 직장 경력을 강조해 알렸더니 예상보다 많은 대학생, 취업 준비생들이 나를 찾아오고 있다. 대부분은 항공사에 입사하고 싶어 하는 젊은 여성들이다.

중국어는 아예 처음이라 기초부터 배우는 학생도 있고, 이미 신 HSK 5급, 6급의 높은 급수를 가지고는 있지만 면접 준비를 따로 해야 하는 학생들도 있다. 나는 그들에게 중국어를 가르치면서 실제 비행에 대한 이야기, 입사에 필요한 조언 등을 해 준다.

나는 특히 중국어 면접을 준비하는 학생들을 지도할 때 큰 보람을 느낀다. 면접용 중국어는 일상 회화와는 또 다르기 때문에 상황에 맞는 적절한 단어, 어휘의 사용이 무엇보다도 중요하다. 너무 구어(口語)체여도 안 되지만 그렇다고 과하게 무거운 서면어(書面語)여서도 안 된다. 나는 입사 면접에서 자주 받는 질문에 대한 자신만의 답변을 스스로 만들도록 과제를 내 주고 작문 첨삭을 해 준다. 그러고 나서 수업시간에 나와 함께 자연스럽게 답변 내용을 익히도록 소리 내어 연습한다.

요즘은 항공사뿐만 아니라 호텔, 면세점, 일반 기업에서도 중국어 면접을 많이 본다. 취업 준비생들의 전공 역시 천차만별이다. 그동안 열심히 공부한 중국어 덕분에 좋은 회사에 취업했다는 연락을 받거나 수업에 대한 감사의 인사를 받을 때의 뿌듯함과 보람은 이루 말할 수가 없다.

한편 수업을 하며 마음이 아플 때도 있다. 내가 보기에 그들은 하나같이 귀하고 예쁘며 똑똑하다. 심지어 요즘 친구들은 의사 표현도 확실하고 당당하다. 그런데 취업 이야기만 나오면 자세가 달라진다.

"선생님, 벌써 1차 면접에서만 네 번이나 떨어졌어요. 제가 이렇게 못난 사람인지 몰랐어요."

"저는 이 직종 하나만 바라보고 있는데 아무리 해도 안 되면 어떡하죠? 죽고 싶어요."

나는 그들이 취업이 되든 안 되든 진심으로 행복했으면 좋겠다. 본인의 진짜 실력을 키우고 어떤 상황에서든 무너지지 않을 자신감과 패기를 갖추기를 바란다. 간절히 꿈꾸고 바라는 것에 도전해 성취감과 함께 단맛, 쓴맛을 다 느끼며 성장하기를 바란다.

네 살 어린아이부터 유치원생, 초등학생, 대학생, 취업 준비생, 주부, 직장인, 사업가, 할머니, 심지어 현직 및 예비 중국어 선생님들까지…. 나는 다양한 수강생들과 만나 중국어로 소통하고 있다. 나는 단순히 외국어만 가르쳐주는 강사가 되고 싶지 않다. 나와 공부하는 학생들에게 중국어라는 도구를 활용해 꿈을 펼칠 수 있다는 자신감과 실력을 키워 주고 싶다. 내가 탑승한 이 비행기의 최종 목적지는 최고의 중국어 코치다.

# 직장인이라면
# 중국어를 배워야 한다

## 중국의 국제적 위상이 급부상하고 있다

전 세계적으로 중국어 배우기 열풍이 뜨겁다. 오바마 전 미국 대통령의 딸에 이어 트럼프 대통령의 손녀까지 유창한 중국어를 구사하는 것으로 알려져 화제가 되었다. 트럼프 대통령의 손녀 아라벨라가 중국 고시(古詩)를 암송하는 동영상이 중국판 트위터 웨이보(微博) 등에 퍼져 중국 네티즌의 찬사를 받았다. 최근 미국과 중국의 무역 전쟁이 '강경일변도'로 극에 달하고 있는 것과는 대조적이다.

'투자왕'으로 불리는 짐 로저스는 "내 생애 최고의 투자는 두 딸에게 중국어를 가르친 것이다. 당신에게 자녀와 손주가 있다면 반드시 중국어를 가르쳐라!"라며 "19세기는 영국의 것, 20세기는 미국의 것, 21세기는 중국의 것."이라고 말했다. 그는 전 세계 젊은 이들에게 중국어 교육의 중요성을 매우 강조한다. 페이스북 창립자인 마크 저커버그 역시 본인과 딸 모두 중국어를 배우고 있다.

세계적인 기업가뿐만 아니라 여러 나라의 왕실과 정치인 집안에서도 중국어 교육 열풍이 불고 있다. 영국의 조지 왕자, 스페인 국왕의 두 딸, 네덜란드 아말리아 공주 등이 열심히 중국어를 익히고 있다. 경제뿐만 아니라 세계 외교 정치에 있어 중국의 영향력이 확대됐음을 알 수 있다.

중국어능력시험(HSK)은 중국어 관련 시험 중 중국 정부로부터 공식적으로 인정받는 유일한 시험이다. 현재 전 세계 112개 국가, 860개 지역에서 HSK가 시행되고 있다. 지난해 HSK 응시자 수는 80만 명을 돌파했다.

〈매일경제신문〉의 보도에 따르면 북한에서도 중국어의 몸값이 올라가고 있다고 한다. 우리나라에서 치러지는 중국어능력시험(HSK), 중국어회화시험(HSKK), 청소년중국어능력시험(YCT), 비즈니스중국어(BCT) 등의 네 가지 중국어 시험을 북한에서도 똑같이 치를 수 있다고 한다. 그동안 중국과 북한 양국의 친밀도를 감안하면 사실 다소 늦은 감도 있지만 북한에서도 개방과 경제발전에 대한 기대감이 커지면서 영어, 러시아어와 더불어 중국어의 인기가 치솟고 있다는 것이다.

우리나라에서도 과거에 비해 점점 많은 사람들이 중국어를 배우고 있다. 나의 수강생들 중에도 체육 전공, 컴퓨터 전공 학생이 있다.

"○○ 씨는 체대생인데 HSK 점수가 있네요?"

"네. 취업하려면 3급은 기본으로 있어야 되겠더라고요. 그래서 취득은 했는데 말을 잘 못해서, 이제 회화를 배우려고 왔습니다."

취업 정보 사이트에 들어가 살펴보면 요즘 중국어 가능자를 찾는 회사가 정말 많다는 것을 한눈에 알 수 있다. 직접 중국과 거래하거나 중국인을 상대하는 직종이 아닌 곳도 많다. 인사, 회계, 심지어 웹디자인 분야에서도 중국어 능통자 또는 가능자를 뽑는다.

경찰청, 도로교통공단, 한국거래소, 소방방재청 등 언뜻 중국어가 무슨 필요가 있을까 싶은 기관에서도 중국어능력시험 급수를 채택하고 있다. 삼성, LG, SK 등 대기업 입사를 하는 데 있어 중국어는 거의 기본 스펙이 되었을 정도다.

일자리 전문 미디어 〈뉴스투데이〉의 2019년 3월 10일자 기사 보도를 살펴보자.

LG화학 채용, "외국어 역량, 철저히 준비해야"
LG화학은 매출의 70%가량이 해외에서 이루어지기 때문에 외국어가 필수 역량이다. 프레젠테이션이나 직무면접이 외국어로 진행되는 것이 아니라, 별개로 외국어 면접을 실시한다. 영어와 중국어 중 하나를 선택하면 된다. 같은 외국어를 선택한 지원자를 여러 명씩 그룹으로 묶되, 면접

자체는 외국인과 1대1 대화로 진행된다. 실제 대화할 수 있는 수준이 어느 정도인지 평가한다. "LG화학에서 외국어는 지원자의 우열을 가리는 단순한 스펙이 아닌 필수 역량이다"라고 인사팀은 강조하고 있다.

## 점점 늘어나고 있는 중국어 학습자들

나의 수강생 중에는 사업을 하는 사장님들이 몇 명 있다. 그중 중국과 한국을 자주 왔다 갔다 하며 사업을 하는 한 사장님은 이렇게 하소연했다.

"중국에 갈 때마다 통역이 있어서 협상을 하거나 계약을 할 때 문제가 될까 봐 걱정할 일은 없어요. 하지만 정작 계약 당사자인 제가 중국어를 못하고 못 알아들으니 정말 답답해요. 게다가 중국은 '꽌시'가 중요하다고 하잖아요. 직접 중국에 자주 다니다 보니 더욱 절감해요. 식사나 술 한잔 같이 하며 대화를 주거니 받거니 하면서 꽌시를 만들어야 하는데 그게 안 되니 가까워질 수가 없어요."

사장님은 바쁜 일정 속에서도 누구보다 중국어를 열심히 배우고 있다. 이동하는 차 안에서도, 잠깐 휴식을 취할 때도 중국어 음원이나 영상을 틀어놓고 흘려듣기하며 중국어 배우기를 생활화하고 있다.

직장에 들어가서도 승진을 위해 제2외국어 공부를 하는 학습자들이 점점 늘어나고 있다. 남들 다 하는 영어만으로는 경쟁력이 없다고 판단하고 꾸준히 중국어, 일본어, 스페인어 등 제2외국어 공부를 하면서 자신만의 '때'를 기다리는 직장인들이 많다. 특히 중국은 지난 10년 동안 무섭게 성장해 이제 미국과 최강국의 자리를 놓고 경쟁할 정도로 커진 만큼 중국어를 배우는 학습자의 수가 다른 언어 학습자보다 월등히 많아지고 있다.

강의를 시작하고 얼마 되지 않아 생각도 못했던 한 수강생을 만났다. 방문 오시기 전 먼저 전화로 간단한 상담을 진행했다.

"제가 중국어를 배워야 하는데 스케줄 근무로 학원을 다니기가 어려워서요. 그래서 1:1 수업을 찾다가 선생님을 소개받았습니다."

"네. 성인 분들은 1:1 수업을 많이 하고 계세요. 혹시 중국어를 배우려는 목적이 어떻게 되시나요?"

"아, 저는 승무원인데요. 중국어 점수를 내서 승진하는 데 가산점을 받고 싶어서 공부하려고 합니다."

이분은 내가 승무원 출신 강사인지 전혀 모른 상태에서 나를 소개받았다. 그렇게 나를 찾아 왔는데 알고 보니 같은 회사에, 심지어 같이 비행도 했던 사무장님이었다.

지금 사무장님은 나와 함께 1년 넘게 중국어를 공부하고 있다. 나는 누구보다도 회사에서 요구하는 외국어 성적, 성과에 대해 잘 알고 있다. 승무원이 되었다고 끝이 아니라 계속해서 공부를 해야 하고 자격을 업그레이드해야 한다는 것을 너무나 잘 안다. 내가 같은 회사, 같은 직종에 근무했었기 때문에 일을 하며 겪는 이런 저

| 1:1 수업을 하고 있는 모습. 성인은 대부분 1:1 수업을 진행한다.

런 어려움도 나에게 종종 털어놓는다. 사무장님뿐만 아니라 사무
장님의 자녀까지 나의 학생이 되어 즐겁게 열심히 중국어 공부를
하고 있다.

## 중국어는 직장인 생존을 위해 필요한 언어다

현재 당신이 다니고 있는 회사가, 맡고 있는 업무가 중국과는
아무런 관련이 없다고 생각하는가? 그래서 중국어를 배울 필요가
전혀 없다고 생각하고 있다면 이는 큰 오산이다. 오늘날 중국의 국
제적 위상과 위력은 10년 전의 그것과는 판이하게 다르다. 산업, 경
제적인 부분에 있어 우리나라의 중국 의존도는 절대로 낮아질 수
가 없다. 중국이 좋든 싫든 인정해야 할 부분이다.

당신은 앞으로 10년 뒤의 중국의 모습을 상상할 수 있는가? 또
한 앞으로 10년 뒤 당신이 어디에서 어떤 모습으로 일하고 있을

지 확신할 수 있는가? 나는 아직 중국의 시대가 제대로 시작도 하지 않았다고 생각한다. 그리고 가끔은 앞으로 어떻게 변할지 모르는 중국의 잠재력이 무섭게 느껴질 때가 있다. 앞으로 영어만큼이나 중요도가 커질 언어가 바로 중국어다. 직장인에게 중국어는 생존을 위해 꼭 필요한 언어가 아닐 수 없다.

'나는 이제 취업이 되었고, 직장생활을 하고 있는데 이제 와서 중국어가 굳이 필요할까?'라고 생각하다가는 늦는다. 10년 뒤를 준비하고자 한다면, 지금부터 중국어를 배워 보자. 앞으로 어느 조직에서 어떤 일을 하든, 내 사업을 하든 중국과의 관계는 더욱 깊이, 더욱 크게 형성될 것이다.

# 직장인에게 외국어 공부만큼
# 현실적인 자기계발은 없다

## 중국어 공부로 거둔 성과를 직장에 어필하라

일주일에 두 번 나에게 중국어를 배우고 있는 수강생 B 씨는 시청 소속 7급 공무원이다. 그녀는 대학 졸업과 동시에 9급 공무원에 합격해 10년 넘게 공무원으로 근무하고 있다. 특별히 하고 싶은 게 없었기 때문에 대학교에 입학하면서부터 바로 공무원 준비에 들어갔다고 한다. 주변에서 친구들이 유학이나 워킹 홀리데이를 떠나도 전혀 관심이 생기지 않았다는 것이다. 무난하고 안정적인 공무원 생활을 하면서 결혼하고 아이도 낳았다. 학창시절에도 특별히 외국어에 관심을 갖지 않았던 그녀가 왜 30대 중반에 중국어 공부를 시작했을까?

B 씨는 평소 친하게 지내던 동료가 시의 지원을 받아 중국으로

유학을 간 것을 보고 처음으로 자극을 받았다. 공무원이 되어서도 새로운 도전을 할 수 있고 심지어 재정적 지원을 받을 수 있다는 것이 새삼 놀라웠다고 한다. 그동안 공무원의 임무는 그저 주어진 업무를 구멍이 없게 잘 완수해 내는 것이라고 스스로 한계를 그어 두었던 본인이 우물 안 개구리처럼 느껴졌다.

그녀가 중국어 배우기를 실천에 옮기게 된 두 번째 계기는 한 과장님의 케이스를 알게 되고서라고 한다. 현재 4급 공무원인 과장님은 5급이던 몇 해 전 중국에 파견 근무를 다녀왔다. 중국에 파견 가 있는 기간 동안 외교관급의 훌륭한 대우를 받았으며, 한국에 돌아와서 더 승승장구하게 되었다고 한다. 중국어 실력이 유창해졌음은 물론이다. 과장님은 지나가는 말로 "외국어는 배워 두면 꼭 쓸 데가 있어. 참 좋아."라고 말했다. 그때 갑자기 B 씨의 마음속에서 전에 없던 자극의 불씨가 당겨졌다.

그녀는 중국어를 배우면 배울수록 재미있고 자신감이 생긴다며 정말 열심히 공부하고 있다. 밤마다 아이를 재워 놓고 철저히 복습한 후 수업에 온다. 처음에는 간단한 회화만 어느 정도 해도 좋겠다고 생각하고 시작했는데 이제는 HSK 취득이라는 새로운 목표까지 설정했다. 그녀는 더 나아가 사랑하는 아이를 데리고 중국으로 파견 근무를 나가는 것을 장기적 목표로 삼고 있다.

이 시대를 살아가는 사람들은 모두 자기계발에 열심이다. 출근하기 전 새벽시간을 이용해 독서를 하기도 하고 운동에 땀을 흘린다. 자격증 공부를 하거나 특별한 취미 활동으로 스트레스를 풀며 삶의 활력을 찾기도 한다.

나는 다양한 자기계발 방법 중에서도 성과가 가장 확실한 것은 단연 외국어 공부라고 생각한다. 생소한 언어를 시작조차 하지 않았을 때는 한마디도 알아듣거나 말할 수 없다. 하지만 초급 단계라도 일단 시작하면 단어나 문장이 귀에 들어오고 입 밖으로 표현할 수 있게 된다. 여행지에서도 더 이상 꿀 먹은 벙어리가 아니다. 한마디라도 더 현지인에게 써 보고 싶고 알아듣고 싶어진다. 그렇게 점차 자신감을 얻게 되면 어학 자격증 시험에 도전할 수 있다. 처음에는 낮은 급수부터 시작한다. 한 단계 한 단계 업그레이드되는 자격증을 직장에 제출하며 자기계발의 성과를 어필할 수 있다.

## 꾸준한 노력으로 스스로를 업그레이드하라

나는 처음 중국에서 1년 반 생활을 마치고 돌아왔을 때 중국어에 대한 자신감이 최고조에 달했다. 심지어 길에서 스쳐 지나가는 사람들이 하는 대화도 한국어가 아닌 중국어로 들렸다. 꿈에서도 중국어로 대화할 정도로 중국어에 미쳐 있었다. 그런데 영어가 문제였다. 완전히 중국어에 몰입했더니 영어 수준이 바닥으로 떨어졌다. 취업을 하기 위해서는 영어 공부를 열심히 해야 했는데 그 사실을 완전히 간과했다.

복학 후 학교에서 원어민 영어수업을 듣던 날이었다. 나는 "너 무슨 이야기를 하고 있는 거야?"라는 말을 영어로 하려고 입을 뗐다.

"What are you 슈어션머(说什么)?"

영어도 중국어도 아닌 엉망진창의 문장을 입 밖으로 뱉어낸 순간, 어찌나 창피하던지 책상 밑으로 기어들어 가고 싶었다. 그때 나는 '중국어만큼 영어를 잘하게 되긴 어려울 수 있겠지만, 기본적인 영어는 다시 해야 되겠구나'라고 생각했다.

나는 마카오항공에서 중국어 덕분에 회사생활을 편하게 했다. 한편 영어 때문에 곤욕을 치른 적도 있다. 업무를 할 때나 동료들끼리 수다를 떨 때는 대부분 중국어를 사용했다. 하지만 회사 내 공식적인 언어는 영어였다. 비행 전 브리핑과 비행 후의 디브리핑, 그리고 기장들과의 대화는 모두 영어로 진행되었다. 중국인 승무원들이 하는 영어는 그럭저럭 알아들었는데 포르투갈, 영국, 미국인 기장들이 하는 영어는 종종 못 알아들어서 힘이 들었다. 입사한 지 얼마 안 되었던 어느 날 포르투갈 기장이 나에게 뭐라고 길게 말을 했는데 전혀 알아듣지 못하고 우물쭈물 서 있었다. 나는 기장을 보조하는 포지션에서 이코노미 뒤쪽으로 쫓겨났다.

대한항공에서 비행을 하면서는 영어를 향상시키기에 더 좋은 환경에 놓였다. 실제 근무하면서 가장 많이 사용한 외국어는 영어였다. 장거리 비행을 할 때 모든 서비스가 끝나고 승객들이 휴식시간에 들어가면 불을 끄고 승무원들도 잠시 휴식을 갖거나 다음 서비스 준비를 한다. 긴 비행시간에 지치고 지루한 승객들은 왔다 갔다 하며 스트레칭도 하고 승무원들과 가벼운 수다를 떨기도 한다.

나는 외국인 승객들과 이야기를 주고받으면서 영어 회화 트레이닝을 했다. 또 성과 평가를 위해 주기적으로 토익, 말하기 시험, 쓰기 시험에 응시했다. 대학 졸업 전 하루에 열 시간씩 중국어에 올인했을 때처럼 몰입할 수 있는 상황은 전혀 아니었다. 하지만 직장인이 되어서 가늘고 길게라도 꾸준히 공부한 결과 더 이상 "What are you 슈어션머(说什么)?"와 같은 엉터리 문장은 말하지 않게 되었다. 그리고 외국인과 편안하게 수다를 떨 수 있을 정도로 여유가 생겼다.

중국에서 돌아온 직후 500점대였던 토익 점수는 직장생활을 하며 870점까지 올라갔다. 말하기 시험인 토익 스피킹은 200점 만점에 180점까지 받았다. 내세울 만큼 높은 점수는 아니지만 실력의 향상은 분명히 알 수 있었다. 물론 점수가 모든 것을 증명하는 것은 아니다. 하지만 대학을 졸업할 때까지 완전 영어 꽝이었던 사람도 직장생활을 하며 실력이 향상될 수 있음을 보여주고자 나의 점수를 공개한다. 나는 꾸준히 영어 점수를 업그레이드하며 개인 점수뿐만 아니라 팀 평가에도 기여했다.

## 목표를 향해 꾸준히 나아가라

직장인의 외국어 공부는 그 어떤 자기계발보다도 현실적이고 그 성과가 구체적이다. 직접 업무와 연관되지 않은 외국어 배우기를 열심히 한다고 해서 누가 뭐라 하지 않는다. 오히려 꾸준히 자기계발을 위해 노력하며 투자하는 사람으로 인정받을 수 있다. 기회가 왔을 때 그동안 갈고 닦은 외국어 실력을 발휘한다면 그야말로 직장 내 숨겨진 인재로 등극할 수 있다.

나는 가끔 '중국어를 열심히 해놓지 않았다면 내 삶은 어떻게 됐을까?'라고 생각할 때가 있다. 쉽게 상상이 가지 않는다. 아마 취업도 제대로 하지 못했을 것이다. 부모님 덕분에 키가 크고 얼굴이 친절한 상으로 태어났으니 어쩌면, 혹시 운이 좋으면 승무원이 되었을 수도 있다. 그렇다면 승무원 이후의 삶은 어땠을까? 자신 있게 다른 사람들 앞에 내세울 수 있는 게 아무것도 없었다면, 비행을 그만두고 싶었을 때 과연 뒤돌아보지 않고 과감히 사표를 낼수 있었을까?

혹시 이 책을 읽고 있는 당신은 취업이나 이직을 위해 어떤 스펙을 쌓아야 할지 고민만 하며 허송세월하고 있지 않은가? 아니면 어느새 초심을 잃고 매너리즘에 빠져 있지 않은가? 혹은 하루하루 반복되는 똑같은 일상에서 벗어나 한 단계 더 도약하고자 하는 욕구가 있지 않은가?

직장에서 인정받고 승진하고 싶다면, 직장인 이후의 삶을 미리 준비하고자 마음먹었다면 바로 지금, 오늘부터 현실적인 자기계발을 시작하길 바란다.

"不怕慢只怕站。"

이 말은 "느린 것을 두려워하지 말고 멈추는 것을 두려워하라."라는 뜻의 중국어 명언이다. 이미 직장인이 된 당신은 공부에만 몰두할 수 있는 학생이 아니다. 더 이상 학생 때처럼 공부에 매진할 수 없고 그만큼 빠르게 습득하기 어려울 수 있다. 때로는 더딘 속도에 포기하고 싶을 수 있다. 하지만 당장 일상생활의 안일함을 선택해 자기계발을 포기해 버리는 사람과 느리더라도 목표를 향해 꾸준히 나아가는 사람의 차이는 몇 년 후 분명히 크게 드러날 것이다. 오늘도 더 나은 나의 미래를 위해 자기계발에 도전하는 모든 분들께 힘찬 응원의 박수를 보낸다.

# 중국어
# 어떻게
# 공부해야
# 할까

# 왜 중국어를
# 시작도 전에 포기하는가

## 중국어 공부를 포기하는 이유

해마다 신년을 맞이할 때면 많은 사람들이 새로운 계획을 세우며 결의를 다진다. 새해 계획으로 주로 빠지지 않는 것 중 하나가 바로 '외국어 배우기'일 것이다. 그런데 막상 외국어를 시작해 보려고 해도 어디서부터 무엇을 어떻게 시작해야 할지 막막하다.

학원을 갈까, 인터넷 강의를 들을까, 1:1 과외를 받을까 고민한다. 학원은 어느 학원이 좋을지 알아보기 위해 정보를 찾아 헤맨다. 수강료는 저렴하면서 강사평이 좋은 곳은 어딘지 가성비를 따지며 여기저기 사이트를 둘러본다. "학원은 수강생 관리가 전혀 안 된다."라는 누군가의 포스팅을 보자마자 과외로 마음을 돌려 본다.

이번에는 집에서 과외를 받을까, 학교 근처 카페가 나을까, 한국

강사가 좋을까, 중국인이 나오려나 고민하며 또 다시 정보 수집에 나선다. 남들은 어떻게 하는지 잠깐 알아보겠다는 것이 두 시간을 훌쩍 넘겨버린다. 그러다 갑자기 선생님을 찾는 일이 마냥 귀찮아진다. 지금 당장 비용은 조금 부담되지만 한 번 끊어두면 평생 무제한 수강할 수 있다는 인터넷 동영상 강의가 차라리 맞을 것 같다. 집에서 편하게 인강을 들으며 독하게 독학하기로 굳게 결심한다.

수강권을 결제하고 영상 몇 개를 듣다 보니 도대체 무슨 소리인지 도통 알 수가 없다. 화면 속 선생님은 혼자서 신나게 외치고 있는데 감상하고 있는 나는 그저 졸음이 쏟아질 뿐이다. 이제는 강의 사이트에 접속하는 행위조차 참을 수 없이 지루하게 느껴진다. 결국 며칠 만에 중국어 배우기를 포기하고 만다.

이는 대학교 3학년인 C 씨의 실제 이야기다. 고등학교 때 제2외국어로 중국어를 배웠던 그는 새해를 맞아 다시 중국어를 공부하기로 결심했다가 시작도 제대로 못해 보고 포기해 버렸다. 시중에 넘쳐나는 정보와 교육 자료의 홍수 속에서 허우적대다가 결국 제풀에 꺾이고 만 것이다. 이처럼 우유부단함도 중국어를 포기하도록 하는 요인이 된다. C 씨는 한동안 중국어의 '중' 자도 떠올리고 싶지 않았다가 결제해 놓은 수강권이 아까워서 다시 도전장을 내밀었다.


40대 직장인 D 씨는 몇 년 전 큰맘 먹고 중국어 배우기를 시작했다가 '성조'와 '권설음'이라는 두 개의 큰 산을 넘지 못하고 포기했다. 한자는 어느 정도 눈에 들어오는데 이 '성조'와 '권설음'은 제 아무리 피나는 연습을 해도 도저히 완벽해지지 않더라는 것이다. 당시 D 씨의 학원 선생님은 중국어에 있어 발음, 성조가 가장 기본이면서 중요한 것이라고 몇 번을 강조했다고 한다. 그러니 반드시 초반에 완벽하게 마스터한 후 진도를 나가야 한다고 했단다.

처음에는 그의 귀에 중국어의 2성과 3성이 완전히 똑같이 들렸다. 차이점이 전혀 구분되지 않았다.

"2성은 중간 높이에서 가장 높은 위치까지 굴곡이 없게 올라가는 거예요. 따라해 볼게요. 아~. 아~."

"3성은 음높이의 중간에서 가장 아래로 내려갔다가 올라가야 합니다. 아아아~. 아아아~."

선생님은 몇 번이고 2성과 3성의 차이를 설명해 주며 직접 들려주었다. 이제 조금씩 그 차이가 구분되는 듯했다. 하지만 스스로 소리 내어 2성과 3성 글자를 발음할 때마다 예외 없이 계속 틀리고 말았다. 답답한 선생님은 지적하고 본인은 주눅 들고를 몇 개월간 반복하다 결국 배우는 것을 그만두었다.

## 기본을 넘어 자신을 차별화하라

승무원을 목표로 하면서 HSK 기초 수업을 듣던 E 씨는 대학교 4학년 1학기 재학생이었다. 그녀는 수업 초반에는 아주 열심이더니 언젠가부터 이런저런 핑계를 대며 잘 나오지 않았다. 심지어 당일

평크까지 냈다. 나는 답답한 마음에 메시지를 보냈다.

"E 씨, 요즘 많이 바빠요? 졸업하기 전에 빨리 점수 내야 한다고 열심히 하더니, 무슨 일이에요? 빨리 공부해야죠."

한참을 답이 없던 E 씨에게서 답장이 왔다.

"선생님, 죄송한데요. 저 중국어 포기할까 봐요. 영어도 잘 못해서 거의 포기했는데 중국어는 더 어려운 거 같아요."

나는 E 씨에게 이렇게 답장을 보냈다.

"당연히 모든 외국어는 다 어렵죠. 영어도 자신이 없는데 낯선 중국어까지 시작하려니 얼마나 힘들겠어요. 하지만 영어까지 포기했다는 말은 하면 안 돼요. E 씨, 승무원 붙어도 영어 공부는 계속 해야 되고, 영어 못하면 본인이 일하면서 고생해요. 그러니 꼭, 반드시 해야 하는 게 맞죠. 영어도 잘하고 얼굴도 예쁘고 잘난 경쟁자들 수두룩한데 그 친구들도 한 번에 붙는 사람들 많이 없어요. 누구도 합격을 장담 못 하는 거 알잖아요. 어떻게 준비하려고? 지금 여기서 다 놔버리면 앞으로 더 힘들어져요."

나는 걱정스런 마음에 본의 아니게 잔소리를 늘어놓았다. 원하는 직업을 얻으려면 영어를 포기해서는 절대 안 되는 케이스였기 때문이다. 승무원 면접은 영어를 유창하게 한다 하더라도 그 하나만으로 합격이 보장되는 시험이 아니다. 회사에서 정한 일정 수준 이상은 기본으로 갖춰 놓아야 정말 '기본' 정도만 되는 것이다.

E 씨는 아직 4학년 1학기라 졸업 직전 또는 직후의 다른 취업

준비생처럼 급한 사정에 처한 것도 아니다. 조금이라도 시간적 여유가 있을 때 기본 베이스 이상의 영어 수준에 더해 중국어 성적까지 보유해 놓아야 한다. 그래야 입사 지원서를 낼 때 영어 수준이 고만고만한 지원자들 사이에서 조금이라도 차별화할 수 있다. 또 감히 지원할 엄두도 내지 못할 외국 항공사, 중국계 항공사에도 도전할 수 있는 자격이 생기는 것이다. 합격과 불합격은 한 끗 차이라서, 주어진 상황에서 최선을 다해야 한다. E 씨는 그러한 현실을 간과하고 있었다. 미리 경험해 본 나의 입장에서 너무나 안타까웠다.

## 중국어는 거스를 수 없는 대세다

G 사장님은 중국어를 한 번 포기했다가 다시 시작해 지금까지 1년 가까이 '열공'하고 있다. 사업하는 친한 지인이 틈틈이 중국어를 공부하는 것을 보고 본인도 처음 중국어를 시작했다고 한다. '사업을 하는 데 있어 중국어는 언젠간 꼭 필요할 테니 한번 배워나 보자'라는 가벼운 마음으로 시작했다. 당시만 해도 뚜렷한 목표나 동기가 없어서 그랬는지, 당장 업무가 바빠지고 배우는 내용이 확 어려워지자 그만 중도에 포기해 버리고 말았다.

그러다 예상치도 못한 시점에 중국 진출의 기회가 빨리 찾아왔다. 그때 사장님은 중국어를 미리 꾸준히 공부해 놓지 않은 것을 매우 후회했다고 한다. 오랫동안 쉬었다가 다시 공부를 시작하려니 다시 처음으로 돌아가 복습 아닌 복습을 해야 했다. 빨리 배워야 한다는 생각에 오히려 마음이 조급하고 초조했다고 한다. 그는 한 동안 통역 직원에 의존할 수밖에 없었다. 조금 더 중국어를 잘 구사했더라면 일어나지 않았을 현지 직원들과의 갈등도 있었다.

지금 그는 중국 현지에서 과외 선생님과 꾸준히 회화 연습을 하고 있다. 한국에 잠깐씩 들어와서도 쉬지 않고 틈틈이 공부를 하고 있다. 특히 중국인 선생님들이 설명해 주기 어려운 문법 부분을 열심히 질문하며 배우고 있다. 그는 중국어 실력이 좋아질수록 회사 운영에도 자신감이 생긴다고 말했다.

당신은 혹시 중국어 배우기를 시작했다가 어떠한 이유로 중간에 포기한 적이 있는가?

"영어나 잘할 것이지, 영어도 제대로 못하면서 무슨 중국어까지 하려고?"

영포자인 당신이 중국어에는 재미를 붙여 열심히 해 보려고 하는데 혹시 주변에서 이렇게 사기를 팍팍 떨어뜨리고 있지는 않은가? 확실히 중국어는 이제 거스를 수 없는 대세인 것을 알겠지만, 중국이라는 나라가 마냥 얄밉고 싫어서 애써 대세를 외면하고 거부하고 있지는 않은가?

# 중국어에 대한
# 편견과 오해

그동안 중국어 수업을 진행하면서 생각보다 많은 사람들이 중국어에 대한 편견과 오해를 가지고 있다는 것을 알게 되었다. 어린 학생들의 어머님과 상담을 할 때도 마찬가지였다. 사람들이 흔히 중국어에 대해 가지고 있는 선입견 또는 오해는 어떤 것들이 있을까?

### 한자를 많이 알아야 한다?

생각보다 많은 사람들이 이 질문을 했다. 정말 한자를 잘 알아야 중국어를 잘 배울 수 있을까? 당연히 아니다.

우리나라와 일본, 대만, 홍콩에서는 예전부터 써 오던 한자를 그 모습 그대로 사용한다. 이것을 번체자(繁體字)라고 한다. 한편 중국 본토에서는 간체자(簡體字)를 사용한다. 번체자가 워낙 복잡하기 때문에 문맹률을 줄이려는 목적으로 간단하게 수정한 것이다. 무려 30년이라는 오랜 세월 동안 새롭게 발표하고 수정하기를 반복해 1986년 2,236개의 상용 간체자가 확립되었다. 그래서 우리가 중국어를 처음 접하게 되면 기존에 알고 있던 한자와 달리 획수가 허전하고 간결함을 느낄 수 있다.

물론 한자를 많이 알고 있으면 어휘의 뜻을 이해하고 배우는 속도가 빠를 가능성이 높다. 그렇지만 한자를 많이 알고 어휘 학습 능력이 빠르다고 해서 반드시 중국어를 잘하게 되는 것은 아니다. 엉망진창인 발음으로 아무리 많은 단어를 말한들 중국인은 그 말을 알아들을 수 없다. 자칫 어휘와 한자에 대한 자신감이 자만심으로 바뀌어 이미 굳어진 잘못된 발음을 교정하는 데 소홀해질 수도 있다.

## 한자를 제대로 쓸 줄 알아야 한다?

하나의 언어를 배울 때 궁극적으로는 듣기, 읽기, 쓰기, 말하기 네 영역이 골고루 균형이 맞춰지도록 노력해야 한다. 하지만 처음 시작일수록 우선순위를 정할 필요가 있다.

이제 막 중국어를 배우기 시작한 H 씨는 언제나 성실하고 모범적인 수강생이다. 중2병에 걸린 딸을 챙기는 것이 버겁다며 하소연을 종종 하지만 한 번도 지각이나 결석을 한 적이 없다. 항상 교실에 일찌감치 도착해 수업 준비를 한다. 항상 웃는 얼굴이어서 나는

H 씨가 문을 열고 들어올 때마다 덩달아 기분이 좋아진다.

성인 수업을 할 때 나는 으레 "복습하고 오셨죠?"라고 묻고 시작한다. 그녀는 그때마다 "네! 복습 열심히 했어요. 예습도 조금 했습니다."라고 자신 있게 대답했다. 그런데 웬일인지, 확인 차 묻는 나의 질문에 돌아오는 중국어 답변은 매번 기대 이하였다. 나는 속으로 '참 열심히 하시는데, 어학적 감각이 많이 부족한 분이구나'라고 생각하곤 했다.

그러다 어느 날, 그녀가 나에게 공책 한 권을 보여주며 물었다.

"선생님, 수업이 너무 재미있어서 제가 이렇게 열심히는 하고 있는데요. 왜 이렇게 실력이 안 늘까요? 나이 탓일까요? 저의 문제는 뭔가요?"

공책을 펼쳐보았다. 그녀는 그동안 나와 연습한 모든 단어와 문장들을 마치 학창시절 깜지 숙제를 하듯이 노트에 빽빽하게 적어 놓았다.

"제가 항상 큰 소리로 여러 번 연습하시라고 했는데…. 이거 적으시면서 소리 내어 연습도 해 보신 거죠?"

"아, 그게…."

그녀의 실력 향상이 더뎠던 이유를 알게 되었다. 그녀는 초급 단계인 지금부터 한자와 병음 쓰기를 확실하게 정리해 놓아야 한다고 생각했다는 것이다. 그것까지는 좋다. 그런데 노트 정리를 할 때 반드시 병행되어야 하는 것은 바로 소리 내어 읽고, 말로서 연습하는 과정이다. 오히려 쓰기보다 더 우선시되어야 한다. 그녀는 내가 누누이 강조했던 것을 머리로는 기억하고 있었지만 왠지 한자 쓰기를 소홀히 하고 넘어가는 것 같아 불안했다고 한다.

## 발음과 성조는 처음부터 완벽해야 한다?

중국어 공부는 처음 시작부터 지레 겁을 먹는 경우가 허다하다. 발음과 성조는 애초에 기초를 잘 닦고 시작하는 것이 중요하다. 하지만 그렇다고 한 달 내내 발음과 성조에만 매달릴 필요가 없다. 절대로 그렇게 공부를 해서는 안 된다. 나는 아예 기초가 없는 성인을 대상으로 수업을 할 때, 발음과 성조 수업은 처음 한두 시간만 할애한다. 그것도 설명은 최대한 간단하게 하고 이해시킨다. 그 후 쉽게 기억할 수 있는 노래를 가르쳐 준다. 그리고 계속 수업을 진행해 가면서 트레이닝을 통해 단운모, 복운모 체계와 성조 변화 등을 저절로 체득하고 개념이 정리되도록 한다. 그 방법이 남녀노소를 불문하고 가장 올바르며 효과적인 학습 방법이다.

노래를 활용한 학습방법은 어린아이들에게만 효과적인 것이 결코 아니다. 중국어의 병음 체계는 영어의 파닉스(phonics)와 비슷한 듯 다르다. 병음의 기본을 노래로 익혀두면 쉽게 잊어버리지 않는다. 흔히들 노래로 중국어를 배우면 성조를 제대로 못 배운다고 하지만 나는 성조를 노래로도 지도한다. 이 효과적인 방법은 뒤에서 다시 구체적으로 설명하겠다.

또한 완벽한 발음, 성조에 대한 강박관념 역시 바로잡아야 할 부분이다. 나는 앞서 발음과 성조는 애초에 기초를 잘 닦고 시작하는 것이 중요하다고 했다. 그런데 완벽한 발음, 성조에 대한 강박관념을 바로잡으라는 게 대체 무슨 뜻일까?

중국은 한족과 50개가 넘는 소수민족이 하나의 국가를 이룬 다민족 국가다. 위구르어, 우즈베크어, 만주어, 러시아어 등 소수민족의 수만큼이나 다양한 언어가 중국 내에서 사용되고 있다. 우리가 보편적으로 학습하고 있는 중국어는 인구 구성원의 90% 이상을 차지하는 한족의 언어인 보통화(普通话)다. '현대 한어'라는 명칭으로도 많이 쓰인다. 이 보통화는 중국의 수도 베이징의 방언이다. 광둥어, 상해어, 동북어, 베이징어 등 지역별로 다른 현재 중국어의 방언 중 가장 표준화된 방언인 것이다.

## 완벽하게 배우는 것보다 즐기는 것이 중요하다

글로벌 중국어에 대한 인식을 더욱 높여야 한다. 나는 과거에는 제대로 인식하지 못했지만, 경험을 통해 글로벌 중국어라는 개념을 비교적 일찍 터득했다. 나는 중국 중에서도 현지인들의 발음이 깨끗하고 좋다는 동북지역 창춘에서 유학을 마치고 한국에 돌아왔다. 한국에서 직장생활을 시작했을 때만 해도 글로벌 중국어에 대해서는 전혀 알지 못했다.

그러다 마카오항공에 합격해 남방 중에서도 최남단의 마카오에서 새로운 생활을 시작했다. 그동안 나는 '택시'라는 뜻의 중국어를 出租车[chūzūchē]와 的士[dìshì]만 알고 있었다. 그런데 대만 동료들은 计程车[jìchéngchē]라는 단어를 많이 썼다. 또한 대만 동료들은 '고맙다'는 뜻의 谢谢[xièxie]에 대한 대답으로 不会[búhuì]를 많이 사용했다. 그동안 내가 알고 있던 '不会'의 뜻은 '할 줄 모른다', '~일 리가 없다'뿐이었다.

또한 같은 단어를 사용하더라도 마카오, 대만, 중국 사람들이 하는 말의 어투가 다 달랐다. 똑같은 발음이어도 지역별 어감의 차이에 따라 들리는 느낌이 다르다고 할 수 있겠다. 그동안 나는 한국과 중국의 북방 지역에서 공부하면서 단 하나의 표준화된 기준으로만 중국어를 이해해 왔다. 그랬던 내가 마카오에서 보고 듣고 느낀 것은 각기 다른 지역의 사람들이 말하는 중국어는 그 어투가 달라도, 어휘가 조금씩 달라도 크게 보면 모두 같은 중국어, '보통화를 기반으로 한 중국어'로 소통을 한다는 점이다.

나로서는 매우 흥미로운 발견이었다. 대한항공에서 비행을 하면서도 세계 곳곳에서 각기 다른 느낌의 중국어를 만났다. 캐나다 밴쿠버에 비행을 갈 때마다 승무원이 체류하는 호텔은 차이나타운에 위치해 있었다. 그곳에서는 백인이 지나가면 오히려 낯설게 느껴질 만큼 중국인이 많았다. 쇼핑몰에 식사를 하러 갔다가 이곳이 중국인지 캐나다인지 분간이 안 될 정도였다. 그곳에서 들리는 중국어는 어떤 느낌이었는지 아는가? 마카오에서 자주 듣던 광둥어를 기반으로 한 보통화에 영어의 느낌이 많이 섞인 또 다른 중국어였다. 그렇게 조금씩 글로벌 중국어에 대한 나의 인식은 커져갔다. 정말 재미있는 경험이다. 나 스스로도 완벽히 원어민과 똑같은 발음을 구현하지 못한다는 생각을 버릴 수 있게 되었다.

물론 중국어를 공부하는 학습자 입장에서는 최대한 MP3 음원에 가까운 표준 중국어를 연마하는 것이 제일 모범적이고 올바르다. 하지만 아무리 해도 우리는 중국인이 될 수 없고 될 필요도 없다. 최선을 다하되 완벽한 베이징 사람이 되려는 목표는 세우지 말자. 힘을 빼고 즐기며 중국어를 내 편으로 만들어 보자.

# 중국어 공부 전
# 명심할 사항 4가지

중국어 공부, 포기하기를 포기하고 이제는 제대로 도전해 보려 하는가? 그렇다면 어떻게 공부하면 좋을까? 공부라고 생각하지 말자. 새로운 놀이거리, 취미가 하나 늘었다고 생각하면 어떨까. 잔뜩 겁을 먹을 필요도 없고 그렇다고 너무 원대한 목표를 잡을 필요도 없다. 힘을 빼고 가벼운 마음으로 시작하자. 중국어 배우기를 결심한 당신에게 몇 가지 꼭 기억해야 할 사항을 강조하고자 한다.

### 첫째, 중국어 절대로 혼자 하지 마라

중국어는 절대로 처음부터 독학할 수 있는 언어가 아니다. 시작부터 혼자서 공부하다 보면 발음과 성조가 엉망이 되는 경우가 많다. 제 아무리 열심히 어휘를 외우고 문장을 익힌다 해도, 내가 말하는 중국어를 중국인이 알아들을 수조차 없는 경우가 허다하다. 초기에 잘못된 발음, 성조를 교정하지 않으면 그대로 굳어 버린다. 뒤늦게 교정하려면 더 피나는 노력이 필요하다. 경상도나 전라도에서 태어나 자란 사람이 성인이 되어 서울 생활을 시작했다. '나는 이제 서울에서 살게 되었으니, 사투리를 고치고 서울 말씨를 사용해 볼까?'라고 마음먹는다고 즉시 그것이 가능할까? 불가능하다.

중국어에는 우리말에 없는 발음이 존재한다. 가장 대표적인 것이 [ü] 발음이다. 알파벳 u 위에 두 눈이 달린 것처럼 생긴 발음 표기가 정말 귀엽지 않은가? 이 일명 '눈 달린' [위] 발음을 제대로 하려면 먼저 휘파람을 불 때처럼 입을 쭉 빼고 입술에 힘을 준다. 그 상태에서 [위]라고 발음한다. 이때 입 모양은 그대로 동그랗게 유지되어 있어야 한다. 우리가 한국어로 [위]라고 말할 때에는 [우]에서 [이]로 발음함과 동시에 동그랗게 시작한 입 모양이 옆으로 퍼진다. 중국어의 '눈 달린' [위] 발음과 한국어의 [위] 발음은 엄연히 다르다.

설명을 들어 보니 혼자서도 쉽게 발음할 수 있을 것 같지 않은가? 막상 해 보면 그리 쉽지 않을 것이다. 처음 학습을 시작하고 한동안은 [ü] 발음이 나는 단어가 나올 때마다 [우]라고 하거나 우리말 [위]처럼 입술이 크게 움직이는 잘못된 발음을 하게 된다. 그때마다 빠르게 교정하고 제대로 된 발음을 머릿속에 각인해야 한다. 그리고 교정된 올바른 발음을 여러 번 반복하며 익숙해지도록 훈련해야 한다.

[u]는 [우]라고 소리 내면 된다. 그런데 이렇게 눈 없는 [u]로 표기하는데도 눈 달린 [ü] 발음을 해야 하는 단어들이 있다. 다음 예를 살펴보자.

橘子[jú zi]는 중국어로 '귤'을 뜻한다. 이때 발음은 [주지]가 아니라 [쥐즈]이다.

'가다(go)'라는 뜻의 중국어 단어는 去[qù], 이때 역시 [추]가 아닌 [취] 발음이다.

'~해야 한다'는 뜻의 需要[xū yào]는 [수야오]가 아니라 [쉬야오]이다.

'물고기' 鱼[yú]는 [위]로 발음한다.

[j / q / x]와 [u]가 만나면 두 눈을 콕콕 찍어 주지 않아도 [ü]로 발음해야 한다.

鱼[yú]처럼 다른 성모(자음)와 합치지 않고 단독으로 [ü] 발음을 내야 할 때는 앞에 y를 붙여 y + u [yú]로 표기한다.

n / l과 합쳐 [위] 발음을 할 때에는 n + ü [nü] / l + ü [lü]로

쓴다.

갑자기 머리가 아파오고 중국어를 포기하고 싶어지는가? 혼자서 독학하려면 그렇다. 쉽게 정리도 되지 않을 뿐만 아니라 내가 이 발음을 맞게 했는지 틀렸는지 객관적으로 확인하고 고칠 방법이 없다.

하지만 선생님과 연습하면 금방 이해가 된다. 정리가 아주 쉽게 되며 제대로 연습할 수 있다. 중국어 시작, 절대로 독학해서는 안 된다. 같은 언어를 가르치는 선생님이라 해도 강의 스타일이 다 다르다. 나에게 딱 맞는 선생님을 찾아라. 지금 당장 중국어 문법 박사가 되겠다는 목표를 세운 게 아니라면, 2~3개월 안에 HSK 최고급 6급 점수를 만들어 내야 하는 말도 안 되는 경우가 아니라면 무조건 쉽고 재미있게 가르쳐 주는 선생님을 찾아라.

## 둘째, 어린아이처럼 순수하게 즐거라

나는 현재 4세 어린아이부터 60대 할머니까지 다양한 연령대의 사람들을 가르치고 있다. HSK나 취업 면접을 준비하는 경우는 재미 요소가 약간은 덜하다. 하지만 회화 수업만큼은 아주 쉽고 재미있게 진행하고 있다. 어린이들을 가르치는 방식을 성인 수업에도 조금씩 적용한다. 깔깔깔 웃느라 눈물까지 흘리는 수강생도 있다. 처음엔 유치하고 오글거려서 차마 못 하겠다고 손사래 치더니, 수업이 끝나고 돌아가면서도 계속 무한반복하고 있는 분들을 정말 많이 봤다. 순수하게 배워야 잘 배운다.

4세, 5세 어린아이들이 중국어를 습득하는 능력은 상상 이상이다. 나는 어린 친구들을 보면서 깜짝 놀랄 때가 한두 번이 아니다. 아이들은 어떠한 고정관념이나 두려움이 없다. 그저 재미있으면 몰입하고 큰 소리로 따라 한다. 나는 수업을 할 때, 찬트(chant)를 자주 활용한다. 찬트란, 리듬에 맞춰 반복적으로 따라 외치는 것을 말한다. 축구나 야구 경기를 관람할 때 외치는 응원 구호, 선거철 로고송이나 홍보 멘트를 떠올리면 이해하기 쉽다. 이 방법은 학습 수준이 올라가도 적용할 수 있다. HSK는 단어 싸움인데 수백 개의 단어도 연상법과 찬트로 쉽게 암기할 수 있다.

특히 중국어를 시작하는 단계에서는 문법을 따지지 말자. 한자에 연연하지 말자. 무조건 들리는 그대로 따라 하며 조금씩 무(無)에서 유(有)로 채워가는 배움의 과정을 어린아이처럼 즐겨야 한다.

## 셋째, 큰 소리로 반복해서 따라 하라

배운 표현을 소리 내어 반복적으로 따라 해야만 내 것이 된다. 이 점은 여러 번 강조해도 지나치지 않다. 큰 소리로 따라 하면서 내 목소리가 머릿속에 각인이 된다. 말하기 연습과 함께 듣기 연습이 동시에 된다. 성조가 있는 언어인 중국어를 속삭이면서 공부하지 말자. 말없이 쓰면서 머리로만 암기하지 말자. 오감을 열고 큰 소리로 외쳐야 한다.

많은 사람들이 영어를 그리 오래 배웠지만 여전히 외국인 앞에
서는 한없이 움츠러든다. 머릿속에서 문법과 단어들이 둥둥 떠다니
다 결국 한마디도 제대로 못한다. 외국인이 "How are you?"라고
물으면 "I'm fine, thank you."라는 말은 그나마 많이들 반사적으
로 나온다. 왜 그 대답만은 반사적으로 할 수 있을까? 반복적으로
연습한 익숙한 표현이기 때문이다. 중국어만큼은 한마디를 하더라
도 자신감 있게 하자. 머지않아 당신은, 지금 큰 소리로 외치며 반
복 연습한 그 문장을 중국인 앞에서 당당하게 말할 수 있게 될 것
이다.

## 넷째, 중국 문화에 관심을 가져라

일단 중국어를 배우기로 마음먹었다면 중국에 대한 감정을 긍
정적으로 바꾸어 보길 바란다. 중국어를 열심히 배우며 성장하고
있는 학생들과 이야기를 하다 보면 공통점이 있다. 하나같이 중국
에 대한 선입견이 많이 사라지고 중국 문화와 나라 자체도 좋아하
게 되었다는 것이다.

"중국어 배우기 전에는 중국에 대해 제대로 아는 게 없었어요.
사람들이 잘 안 씻어서 더럽다는 생각, 약간 미개하다는 생각만 있
었어요. 우리나라보다 훨씬 뒤처지고 못 산다는 생각도 있었고요."

"전 괜히 중국이 얄밉고 싫었거든요. 그런데 알고 보니 중국 진

짜 '볼매'예요. 재미있는 나라더라고요. 중국 친구들도 사귀었는데 다 깨끗하고 대부분 착하고 정도 많아요."

"중국을 무시하는 나라는 우리나라밖에 없는 것 같아요. 요즘 중국 드라마도 완전 재미있고 노래도 좋은 게 얼마나 많은지 몰라요. 선생님, 중국판 인스타그램(小红书) 해 보셨어요?"

중국어를 배우다 보면 자연스레 중국의 문화를 접하게 될 것이다. 요즘 중국 문화의 트렌드는 어떤지, 내 또래 중국 사람들은 어떤 생각을 가지고 있는지 관심을 갖게 된다면 더욱 재미있게 언어를 익힐 수 있다.

혹시라도 중국에 대한 편견을 가지고 있다면 최대한 그들을 바라보는 시선을 호의적으로 바꿔 보면 어떨까? 온라인, 오프라인에서 만나는 모든 중국 사람들과 자료들이 모두 나의 훌륭한 중국어 선생님이 되어 줄 것이다.

# 시작이
# 반이다

## 고민은 짧게, 시작은 빠르게 하라

"니하오마(你好吗)?"

중국어를 아예 모르는 사람들이 종종 "니하오마?"를 "안녕하세요."로 알고 쓴다. 어린 시절, 어떤 서양 할아버지가 등장해서 큰 소리로 "니하오마?"라고 외치던 광고를 본 기억이 난다. 그때부터 나역시 '니하오마'가 '안녕하세요'라고 생각했었다.

정확히 말하면 "니하오마?"는 "안녕하세요."가 아니다. 서로 잘아는 사이에 "어때? 잘 지내니?"라고 물을 때 쓰는 말이다. 그마저도 중국인들이 실생활에서 즐겨 쓰는 표현은 아니다. "안녕하세요."라고 하려면 "니하오(你好)."라고 한다. 서로 모르는 사이에도 쓸 수있는 가장 기본 인사 표현이다. 이 "니하오."와 "니하오마?"만 구분

할 줄 알아도 중국어를 제대로 배우기 시작한 것이다.

60대 여성 I 씨는 몇 년 전 지독한 갱년기 우울증을 겪었다. 하루하루 마음이 지옥 같았던 시기를 보내고 지금은 상대적으로 마음이 많이 편해졌다. 그녀는 이제 막 말을 배우기 시작한 손자를 보는 재미에 다시 삶의 활력을 찾아가고 있다. 그러다 문득 외국어 공부를 해야겠다고 마음을 먹었다고 한다. 영어를 배울까 중국어를 배울까 고민하다가 중국어를 배우기로 결심했다. 아쿠아로빅을 같이 하던 친구가 얼마 전 "장가계 여행을 다녀왔는데 너무 멋지고 좋았다."라고 자랑을 늘어 놓은 게 생각이 났다. I 씨도 더 나이 들어 걷기 힘들어지기 전에 장가계에 가보고 싶다는 생각이 들었다. '여행 가서 중국어 꼭 써 봐야지'라는 생각도 했다.

그녀는 일주일에 한 번, 두 시간씩 중국어를 배우기 시작했다. 초반에 그녀는 "배우고 집에 돌아가면 하나도 생각이 안 나요. 어쩜 이래."라며 어려움을 호소했다. 나는 그때마다 "처음이라 그래요. 걱정하지 마세요. 언어는 배우는 대로 쭉쭉 실력이 올라가는 게 아니라 계단식으로 늘어나요. 지금 잘하고 계세요."라고 격려했다. I 씨는 "맞아요, 선생님. 시작이 반인데요. 제가 다른 건 자꾸 헷갈리고 까먹어도 니하오(你好; 안녕하세요), 짜이찌엔(再见; 잘 있어요/잘 가요), 씨에씨에(谢谢; 고마워요), 워아이니(我爱你; 사랑해요), 카페이(咖啡; 커피)만큼은 벌써 확실히 기억해요. 지금 여행 가도 중국 사람한테 인사도 하고, 커피는 사 마실 수 있겠어요."라고 말하며 웃었다.

지금 그녀는 수업을 시작한 지 3개월도 채 안 되어 이름 묻고 답하기, 나이 묻고 답하기, '바쁘다/아프다/힘들다/행복하다/졸립다/무섭다' 등의 상태 묻고 답하기, 직업 묻고 답하기, 가족 소개하기, 시간, 날짜, 요일 말하기 등 많은 문장을 중국어로 술술 말할 수 있다. 고민을 짧게 하고 시작을 실천했기 때문이다.

나는 아주 오래 전부터 나만의 이야기가 담긴 책을 꼭 써 보고 싶었다. 죽기 전 꼭 이루고 싶은 버킷리스트 중 하나였다. 하지만 어디서부터 어떻게 글을 써야 하는지 알지 못했다. 글을 읽을 줄만 알았지 쓰는 방법은 전혀 몰랐다. 당연히 시작할 엄두조차 내지 못했다. 그랬던 내가 지금은 이렇게 나의 책을 써 내려가고 있다. 여러 명의 작가들이 함께 한 권의 책을 펴내는 공동저서 《버킷리스트20》도 출간되었다. 이 책은 나의 두 번째 책인 것이다. 그리고 이어서 중국어 교재도 집필 중이다. 처음엔 막막하기만 할 뿐 어떻게 하는 것인지 알지도 못했던 내가 제대로 된 '시작'을 하자마자 마치 일상이었던 것처럼 술술 책을 쓰고 있다. 내 책이, 심지어 여러 권이 세상에 나올 준비를 하고 있는 것이다. 우리나라 최고의 책 쓰기 코치이자, 작가, 동기부여가, 자산가인 〈한국책쓰기1인창업코칭협회(이하 한책협)〉의 김태광 대표 코치를 만난 덕분에 이렇게 빨리, 쉽게 나의 꿈을 이루어가고 있다. 무엇이든지 혼자 시작하는 것에 엄두조차 나지 않는다면 나처럼 그 분야 전문가의 도움을 받으면 된다. 최고의 코치에게 배우면 쉽게 시작할 수 있고 최고의 성과를 맛볼 수 있다.

## 시작하지 않으면 아무런 변화도 일어나지 않는다

나는 바쁜 일정 속에서도 틈틈이 유튜브에 영상을 업로드하고 있다. 모바일 영상의 시대가 되면서 나 역시 유튜버가 되고 싶다는 막연한 생각을 하고 있었다. 하지만 왠지 사람들이 흉을 볼 것 같아서, 나의 단점이 부각될 것만 같아서, 또 어떤 이야기를 다루어야 할지도 모르겠어서 오랫동안 시작을 망설이고 있었다.

그러다가 시작을 결심하고 실천에 옮겼다. 이번에도 역시 나 혼자서는 절대 시작할 수 없는 것이었기에 교육을 통해 전문가의 도움을 받았다. 그러자 생각보다 시작이 어렵지 않았다. 어떻게 영상 주제를 정할 것인지, 어떻게 촬영하면 좋은지, 편집은 어떻게 하는지 배우고 실습을 통해 연습했다. 다른 사람의 영상을 보면서 이건 맘에 드네, 저건 별로네 하고 평가할 줄은 알았지만 막상 내가 퀄리티 있는 영상을 만들어 내자니 아직은 역량이 부족함을 느꼈다. 하지만 첫 술에 배부를 수 없다. 유명 유튜버인 대도서관이나 박막례 할머니에게도 처음 시작은 분명 있었다. 최고의 전문가에게 배우면서 시작했더니 기술적인 부분뿐만 아니라 유튜브라는 매체를 바라보는 나의 관점과 자세 또한 달라졌다. 이 모든 것이 실제로 시작하지 않았으면 일어나지 않았을 변화다.

내가 취업 준비생이나 이직을 꿈꾸는 직장인에게 지금부터 중국어를 공부하라고 말하면 이런 반응을 보이는 사람들이 있다.

"이제 와서 시작한다고 뭐가 달라지겠어요? 중국어 어렵던데 언제 제대로 배워서 취업하는 데 써 먹나요?"

"주변에 중국어, 영어 못해도 원하는 회사에 한 번에 합격하는 사람 많던데요. 저도 그런 사람이 될 수 있지 않을까요?"

"이미 취직했는데 또 무슨 공부를 해요?"

그렇다. 지금부터 공부한다고 크게 달라지는 게 없을 수도 있다. 원하는 회사로 취직하거나 이직하는 데 직접적인 영향을 주지 않을 수도 있다. 아무런 노력도 하지 않았지만 운이 좋아서 쉽게 원하는 바를 얻어낼 수도 있다. 하지만 그럴 수도 있는 것이지 모두에게나 가능한 것이 아니다. 현재 처한 현실이 내 이상과 맞지 않다고 불평 중인가? 그렇다면 당신은 그 이상을 위해 어떤 노력을 했는가? 혹시 변화를 위한 노력은 전혀 하지 않고서 내 삶이 바뀌기만을 바라고 있지는 않은가?

## 마음을 바꾸고 변화를 갈망하며 실천하라

취업준비생 J 씨는 계속 취업이 안 돼 고전 중이었다. 그러다 친구의 소개로 나를 찾아왔다. 그녀는 항공운항과를 졸업한 지 이미

2년이 지났는데 승무원 면접에서 번번이 떨어지고 있다고 했다. 같이 면접 스터디를 하던 사람들 중 승무원과 전혀 상관없는 전공을 한 사람들이 하나둘 꿈을 이뤄 비행을 시작했다고 한다. 그동안 본인은 항공과 출신이고, 어디에 내놔도 손색없는 사람이라는 자신감이 넘쳤었다. 그런데 이렇게까지 자신감이 바닥으로 떨어질 줄 몰랐다며 울상을 지었다.

나는 주로 중국어 수업을 하고 있지만, 내 중국어 수업을 들은 친구의 소개로 이렇게 국내항공사 입사를 위한 조언을 구하러 오는 분들이 종종 있다. 그녀는 당장 돈도 없고 그렇다고 아르바이트를 제대로 하는 것도 아니라고 했다. 그녀는 당장 유니폼을 입히고 공항에 데려다 놓으면 누가 봐도 승무원이라고 볼 만큼 승무원에 잘 어울리는 외형을 갖추고 있었다. 그녀의 답답한 마음이 나에게도 충분히 전달되었다.

나는 J 씨에게 진심 어린 조언을 해 주었다. 주변 승무원들의 사례도 들려주고 나의 이야기도 해 주었다. 나는 29세라는 늦은 나이에 대한항공에, 그것도 세 번째 도전 만에 합격한 것이며, 외항사도 갔다 왔다는 이야기를 해 주었다. 그것은 처음 도전에 실패했을 때 방법을 바꿔 새로운 도전을 시작했기에 가능했던 것이라고 말해 주었다. 또한 시간은 나를 기다려 주지 않으니 지금부터라도 다른 곳에 취업할 수 있으면 먼저 취업을 하고 기회가 올 때마다 면접 기회를 잡아야 한다고 말했다. 그동안 치중했던 면접 스터디는 더 이상 나가지 말고 바로 지금부터 부족한 실력을 향상시키기 위해 노력하라고 충고했다. 언제부터 할까 고민하지 말고 바로 지금부터 실천에 옮겨야 한다고 조언했다. 오로지 한 곳만 바라보지 말고 플랜 B를 세우고 먼저 합격한 곳이 있으면 그곳에서 직장생활을 시작한 후 꿈을 향해 계속 노력하라고 했다.

처음에 그녀는 내심 또 다른 계획을 세우라는 나의 말을 마치 꿈을 포기하라는 것처럼 느끼는 듯했다. 하지만 이내 나의 진심을 알아채고 감사의 인사를 했다. 이제 마음을 바꾸었으니 변화를 갈망하며 실천하기만 하면 된다. 그녀의 앞날에는 지금보다 훨씬 찬란한 인생이 펼쳐질 것이다.


무슨 일이든지 시작이 반이다. 그만큼 새로운 일은 마음먹고 시작하기가 어렵고 두렵다.

"万事开头难(wàn shì kāi tóu nán)。"

모든 일은 처음이 어렵다. 두려움을 극복하고 시작하기만 하면 반 이상은 이미 이루어진 것이다.

# 중국어는 갈수록
# 쉽고 재미있어진다

중국어를 조금만 공부해 보면 매우 배우기 쉬운 언어라는 것을 금세 알게 된다. 중도에 포기했다고 하는 사람들은 대부분 초반에 발음, 성조, 한자의 벽을 넘지 못한 경우다. 그 고비만 넘어가면 오히려 굉장히 쉽고 표현이 간결하게 느껴진다. 그 이유는 무엇일까?

### 첫째, 표음문자인 한글과 달리 중국어는 표의문자다

한자 자체가 워낙 복잡해 문맹률이 높아 간체자로 바뀌기는 했지만, 표의문자를 사용한다는 사실은 변함이 없다. 표음문자인 한국어에서는 '행'이라는 글자 하나만 놓고 보면 무슨 의미인지 알 수 없다. '행복', '행인', '행주' 등 '행' 자와 다른 글자가 합쳐서 단어를 만들어 내야 그 뜻을 알 수 있다.

한국인에게 한자는 상대적으로 익숙한 문자라 보고 발음을 못 하더라도 무슨 뜻인지 유추가 가능한 글자가 많다. 한자만 알면 '行', '幸', '杏'이 각각 '가다', '행운', '살구'라는 뜻임을 알 수 있다. 다음 단어들의 뜻을 맞혀 보자.

衣服, 茶, 旅行(의복, 차, 여행)

아마 쉽게 맞혔을 것이다. 이번에는 이 단어들의 뜻을 한번 유추해 보자.

遥控器, 空调, 洗手间(요공기, 공조, 세수간)

아마 한 번에 무슨 뜻인지 알기가 어려운 단어도 있을 것이다. 이때 단어 속 한자를 한 글자씩 보면서 설명을 들으면 조금 더 쉽게 새 단어를 기억할 수 있다.

遥控器(멀 요, 당길 공, 그릇 기): 멀리서 당기는 도구, 리모컨[야 오콩치]

空调(빌 공, 고를 조): 공기를 조절하다, 에어컨[콩티아오]

洗手间(씻을 세, 손 수, 사이 간): 손을 씻는 공간, 화장실[시쇼
우지엔]

한자를 잘 모르는 사람도 이렇게 풀어서 설명을 해 주면 "아
하!" 하며 즉각 반응이 나온다.

초급 단계에서는 당장 쉽지 않지만 어느 정도 수준이 향상되면
우리말로 발음이 같은 한자들은 중국어에서도 비슷한 발음 패턴을
가지고 있다는 것까지 스스로 발견하게 된다. '行', '幸', '杏'의 발
음은 [xing]이다. 그래서 배우지 않은 荇이나 涬 자를 보아도 발음
이 [xing]이겠거니 추측하게 된다.

일본어를 배워 본 사람은 중국어 어휘도 굉장히 쉽게 익힌다.
일본어를 공부하면서 한자를 이미 많이 알고 있기 때문에 유리하
다. 주부 수강생 L 씨는 결혼 전 일본에서 1년간 공부하고 왔다. 다
른 어머님들 2명과 같이 수업을 듣는데 확실히 어휘의 이해가 빨
랐다. 그리고 일본어와 중국어의 발음을 비교하며 공부하니 더욱
재미있다고 했다.

## 둘째, 중국어에는 '은/는/이/가/을/를'과 같은 조사가 없다

그렇다 보니 문장의 길이가 짧아진다. 예를 들어 보자.

① 나는 먹는다. → 我吃[워 츨]。

② 나는 밥을 먹는다. → 我吃饭[워 츨 판]。

③ 나는 밥을 먹으러 간다. → 我去吃饭[워 취 츨 판]。

④ 나는 가서 밥 먹는다. → 我去吃饭[워 취 츨 판]。 (③과 동일)

③과 ④ 문장을 보자. 한국어로는 다른 문장이지만 중국어는 동일한 문장인 것을 알 수 있다. '나', '간다', '먹다', '밥'이라는 핵심 단어만으로 단순 명료한 문장을 만들 수 있다. 어휘량이 확보되면 문법을 따지지 않아도 단순한 어휘의 나열만으로도 뜻을 표현하기가 쉽다. 단어를 붙이고 조합하고 연결하면서 문장의 길이를 늘인다.

## 셋째, 한국어와 발음이 비슷한 단어가 많다

《표준국어대사전》에 따르면 전체 단어의 약 57%가 한자어다. 같은 뜻, 비슷한 발음의 한국어와 중국어 단어를 몇 가지 살펴보자.

포도 - 葡萄[푸 타오]          양 - 羊 [양]

| | |
|---|---|
| 안전 - 安全[안 추엔] | 한국 - 韩国[한 구어] |
| 농민 - 农民[농 민] | 중국 - 中国[쫑 구어] |

동물 '양'이나 '농민'처럼 완전히 발음이 같은 단어도 있다. 이 외에도 발음이 비슷한 단어는 수없이 많다. Grape를 [푸 타오]로, korea를 [한 구어]로 완전히 새롭게 익혀야 하는 서양인들에게는 외계어같이 느껴질 것이다. 우리가 느끼는 쉬움의 정도는 그들과 비교 불가다. 생각지도 못했던 단어의 발음이 한국어와 비슷한 것을 발견할 때 소소한 재미와 함께 꽁(?)으로 쉽게 어휘를 익힌 것 같은 느낌을 갖게 된다.

### 넷째, 문법 구조가 매우 간단하다

나는 영어를 배울 때 'have + pp.'니 'have + pp. ing', '현재완료 진행형', '현재완료 수동태' 같은 용어 때문에 영어가 너무 복잡하고 싫었다. 한국어로 들어도 무슨 말인지 단순한 나에게는 와 닿지가 않았다. 중국어에도 물론 어법이 존재하지만 비교적 단순하다. 동사의 변형이나 시제 표현이 단순하다. 다음 문장들을 같이 살펴보자.

> • **현재, 미래:** 나는 먹는다. → 我吃[워 츨]。

- **현재, 미래의 부정:** 나는 안 먹는다. → 我不吃[워 뿌 츨]。
- **과거:** 나는 먹었다. → 我吃了[워 츨 러]。
- **과거의 부정:** 나는 안 먹었다. → 我没吃[워 메이 츨]。
- **과거의 경험:** 나는 먹어 봤다. → 我吃过[워 츨 구어]。
- **과거 경험의 부정:** 나는 안 먹어 봤다. → 我没吃过[워 메이 츨 구어]。

## 다섯째, 중국어는 성조 특유의 리듬감이 있다

한자도 잘 모르고 우리말의 한자어에 자신이 없어도 걱정할 필요가 없다. 올라갔다 내려갔다 하는 중국어의 높낮이(성조)가 있어서 듣고 따라 할 때 쉽고 재미있다. 단순하게 머리를 비우고 리듬에 맞춰서 몸을 흔들면서 입으로 따라만 해도 더 잘 배울 수 있는 언어가 중국어다.

'너는 형이 있니?'라는 문장은 중국어로 '你有没有哥哥[니 요메이 요우 꺼거?]?'라고 한다. 이런 짧은 문장을 처음 배울 때부터 성조의 파도를 따라 큰 소리로 외치면 쉽게 문장을 외울 수 있다. 그러면서 굳이 하나하나 분석하지 않아도 문장의 구조까지 체득할 수 있다.

수강생 M 씨는 중국으로 파견근무 나가는 남편을 따라 중국으로 이주할 계획이다. 목표가 확실한 그녀는 매우 의욕적으로 열심히 수업을 듣고 있다. M 씨의 남편은 몇 개월 전 이미 먼저 중국에 들어가 있다. 그녀의 남편은 전화 통화를 할 때마다 "중국어 열심히 배우고 오라"고 신신당부한다고 한다.

그녀는 처음에 한자가 워낙 약해서 걱정이었지만 나는 전혀 걱정할 필요가 없다고 했다. 아무것도 모르는 어린아이처럼 배우면 되니 큰 소리로 잘 따라 하기로 약속하자고 다짐받았다. M 씨는 한자를 전혀 쓰지도, 읽지도 못한다. 그런 그녀가 중국어를 배우기 시작한 지 3개월 만에 그동안 배운 어휘들을 조합해 붙였다 떼었다 하면서 꽤 긴 문장을 만들어 낼 수 있게 되었다. 한자는 잘 모르지만 발음, 성조에 특히 신경 쓰며 신나게 외친 결과다.

"나는 여름을 좋아합니다. 여름은 너무 더워요. 여름에는 수영을 하러 갑니다. 내가 좋아하는 과일은 수박입니다. 수박은 달고 맛있어요. 선생님은 어느 계절을 좋아해요? 저는 축구는 보는 것만 좋아하지, 스스로 뛰는 건 진짜 싫어합니다. 제가 좋아하는 건 헬스입니다."

그녀는 그동안 연습한 짧은 단어와 어휘를 가지고 이렇게 만담하듯 중국어 문장을 만들며 나와 대화를 주거니 받거니 한다. 처음 시도한 문장이 오류 없이 정확하게 만들어졌을 때 정말 어린아이처럼 펄쩍 뛰며 박수치고 좋아한다. 고개를 까딱이며, 손으로 성조를 그려가며 온 몸으로 배운다. 말을 잘하게 됨과 동시에 그녀의 발음과 성조도 훌륭하게 자리 잡혀 가고 있다. 중국어는 정말 갈수록 쉽고 재미있어진다!

# 중국어 공부,
# 토익처럼 하지 마라

## HSK는 토익과 다르다

"10년도 더 전부터 중국어 열풍이다, 곧 중국어의 시대가 온다 하더니 도대체 그 열풍은 언제 불어오는 거냐."

중국어 선생님들끼리 모이면 늘 쏟아져 나오는 한탄의 말이다. 그러나 나는 내가 처음 중국어를 배우기 시작한 20년 전과 지금의 중국어 교육 시장의 분위기는 꽤 많이 달라졌다고 느낀다. 내가 대학생활을 막 시작했던 2000년대 초반 우리나라에 중국어 바람이 일기 시작했다. 중국으로 유학을 가는 학생들도 조금씩 늘어났다. 하지만 중국어를 배우는 학생의 폭은 매우 제한적이었다.

하지만 지금은 어떤가? 체대생, 공대생들도 중국어를 배우고 있다. 중국어능력시험(HSK)이나 중국어말하기시험(TSC)은 기업에 입사하기 위한 기본 스펙 중 하나가 되었다. 심지어 유치원, 어린이집에서도 중국어를 가르치는 곳이 눈에 띄게 늘고 있다. 이미 대부분의 사립 초등학교에서 중국어를 가르치고 있는 것은 물론, 많은 일반 공립 초등학교에서도 방과 후 수업, 특강, 정규수업 등으로 중국어를 접하게 하고 있다. 초등학생들도 실력을 평가할 수 있는 청소년중국어능력평가시험(YCT)에 응시하곤 한다.

영어와 비교하자면 아직 시장의 규모가 작지만 이미 중국어는 우리 생활에 밀접하게 들어와 있다. 주로 회화 위주로 쉽고 재미있게 배우는 것이 트렌드이며 올바른 길이다. 그런데 유독 대학생, 취업 준비생, 직장인들을 보면 중국어를 토익처럼 공부하는 사람들이 정말 많다.

I 양은 중국어 면접을 준비하기 위해 수업 문의를 했다. HSK 4급을 가지고 있지만 회화는 전혀 하지 못한다고 했다. 나는 속으로 생각했다. '아무리 그래도 4급인데 아예 말을 못할 리가 없잖아.' 그런데 I 양을 직접 만나 보니 왜 그녀가 그런 말을 했는지 알 수 있었다. 성조가 전혀 잡히지 않은 채 엉망이었고 심지어 발음기호인 병음조차 제대로 읽지도 못하는 부분이 꽤 있었다. 그렇다고 문장을 제대로 만들 줄 알았느냐. 그것도 아니었다. 기초 수준인 단어를 배열해 문장을 만드는 것도 완전히 꽝이었다. 나는 그녀가 어떻게 HSK 4급을 취득했는지 의아했다.

"제가 마음이 급해서 스파르타로 3개월 바짝 하는 4급 수업을 들었어요. 선생님이 시험에 자주 나오는 표현, 문법 구조 같은 걸 다 알려 주거든요. 수강생들은 말 한마디 안 해도 돼요. 토익처럼 문제 푸는 요령을 싹 배울 수 있어요. 간신히 턱걸이로 4급을 따긴 했어요. 근데 너무 힘들어서 5급은 엄두도 못 낼 것 같아요. 말도 못하는데요."

그렇게 단기간에 4급을 취득했다니 얼마나 열심히 공부했을까 싶어 기특한 마음이 들기도 했다. 하지만 그렇게 해서 원하는 점수를 얻은들 그 점수가 무슨 소용이 있을까 싶었다. 아직 3급밖에 취득하지 못했거나 아예 HSK를 보지 않았지만 꾸준히 회화 위주의 연습을 한 사람보다 훨씬 실력이 못 미쳤다.

당연히 그녀는 중국어 면접 준비를 하는 데도 상당히 애를 먹었다. 매 수업마다 간단한 문장 만들기 과제를 내 주었는데 그때마다 번역기에 돌린 것을 거의 그대로 복사해 가져왔다. 그러니 표현이 종종 어색했고 본인 입에 붙지 않았다. 간신히 문장의 오류를 고치고 답변을 달달달 외웠다. 달달달 외운 표현을 자연스럽게 표현하기 위해 또 다른 노력이 필요했다. 질문이 들리지 않으니 답변이 나올 리가 없었다. 면접 중간에 기습해 들어올 면접관의 틈새 질문이나 농담을 캐치하고 적절하게 받아내기 위한 모의면접을 하는 동안 계속 난관에 부딪혔다.

## HSK는 어휘량 확보가 기본이다

K 씨는 4급 시험 준비를 위해 나를 찾았다. 중국어를 배우기 시작한 지는 이제 6개월이 조금 넘었다고 한다. K 씨의 회사는 직원들의 외국어 공부를 독려하는 분위기라 일주일에 한 번씩 회화 강사가 회사에 와서 수업을 진행한다고 말했다. 그 수업을 듣고 사내 온라인 강의를 통해 스스로 복습하는 시스템으로 공부를 하고 있었다.

"아주 쌩 기초부터 시작했는데 배우다 보니 너무너무 재미있더라고요. 업무가 바빠서 하루에 많은 시간 투자는 못하고 지하철에서 틈틈이 연습하고, 유튜브 보고 사내 강의 듣고 그러고 있어요. 제가 좋아서 열심히 즐기고 있는데 선생님이 만날 때마다 칭찬해 주시네요." K 씨는 자기도 모르게 입이 귀에 걸렸다.

나는 정말 장하다고 칭찬해 주었다. 그녀가 스스로 학습하는 방법이 아주 훌륭했을 뿐만 아니라 직장인이 되어 새로 시작하는 공부가 얼마나 힘든지 잘 알고 있기 때문이다. 나는 K 씨에게 HSK는 어휘량 확보가 가장 기본이라고 말해 주었다. 그리고 지금 하고 있는 회화 연습은 꼭 그대로 진행하면서 HSK 공부를 병행하는 것이 좋다고 조언했다. 시험용 필수 어휘를 암기할 때도 반드시 지금 하고 있는 것처럼 예문을 소리 내어 읽고 암기한 단어를 활용해 문장도 만들어 보아야 한다고 강조했다. 그녀는 초롱초롱한 눈빛으로 꼭 그렇게 하겠다고 약속했다.

K 씨는 일주일에 두 번, 퇴근 후 두 시간씩 수업을 받았다. 수업을 듣는 내내 나의 지도대로 잘 따라왔다. 딱 2개월 후 그녀는 240점의 비교적 안정적인 점수로 4급을 가뿐하게 취득했다. 300점 만점에 180점 이상이면 합격이었다. 총점이 높았을 뿐만 아니라 듣기, 독해, 쓰기 영역 점수 역시 각각 86, 76, 78점으로 어느 하나 뒤처지지 않고 균형이 잘 맞았다. 뛸 듯이 기뻐하는 K 씨를 보니 나 역시 무척 뿌듯했다. 그녀는 4급부터 인사 평가에 반영이 된다며, 바로 회사에 성적표를 제출할 것이라고 했다.

"마음 같아서는 당장 5급 시험 준비에 들어가고 싶을 정도예요."

그녀는 의욕이 더욱 충만해졌다. 하지만 당장 눈에 보이는 더 높은 점수가 급하지 않고, 시험을 위한 공부를 하면 안 된다는 것을 잘 알고 있다고 말했다. 당분간은 4급에서 배운 어휘와 문법들을 활용해 더 많은 문장을 만들어 보고 직접 활용하면서 중국어 배우기를 즐기겠다고 했다.

"이제 중국 드라마를 볼 때 더 많은 대사가 들리게 되겠죠? 너무 설레고 기대돼요!"

## 정석으로 공부하는 것이 가장 빠른 실력 향상의 길이다

당장 토익 점수가 급해 단어를 무식하게 외우고 정답 찍기 요령을 배워 800점을 만들었다고 치자. 이제는 900점이 목표다. 또 미친 듯 답변 찾기 연습을 하고 결국 900점을 만들어냈다. 700점대였을 때나 900점이 된 지금이나 영어실력은 그게 그거다. 이제는 토익 점수 900점에 걸맞은 영어 구사 능력을 갖춰야 한다. 토익 스피킹 학원을 다니면서 정해진 대사(템플릿)를 외운다. '제발 내가 외운 문장을 써먹을 수 있는 문제가 나오기를!' 하지만 이번 시험에서는 만능(?) 템플릿에서 벗어난 질문이 출제되었다. 피 같은 응시료를 또 버리고 말았다. 어디서 많이 듣고 보던 패턴이 아닌가? 나도 그동안 영어 성적을 올리기 위해 시험에 쏟아 부은 돈이 결코 적지 않다.

중국어, 절대로 토익처럼 공부하지 마라. 그동안 당신이 스펙을 쌓는다는 명분으로 '토익'이라는 시험에 들인 시간과 돈을 생각해보자. 당신은 높은 토익 성적만큼 자신 있게 영어를 구사할 수 있는가? 이미 많은 기업에서도 결코 토익 점수가 실제 영어 실력과 비례하지 않는다는 것을 잘 알고 있다. 중국어만큼은 반드시 스스로 말할 수 있고 들을 수 있도록 공부하자. 정석으로 배우고 공부하는 것이 느리게 가는 것 같지만 결코 느리지 않다. 오히려 진짜 내 실력을 키울 수 있는 가장 정확하고 빠른 길이다. 토익이라는 쓸모없고 무의미한 스펙용 공부를 했던 전철을 또 다시 그대로 밟고 싶지 않을 것이다.

단순히 시험을 잘 보기 위해 중국어 공부를 하는 사람들이 많아질수록 실력을 검증하기 위한 시험의 종류는 점점 많아진다. 또 그 시험을 보기 위해 비싼 돈과 노력을 들이는 헛수고를 반복하게 될 것이다. 중국어를 배울 때 방법의 우선순위를 확실하게 바꿔 보자. 당장 높은 중국어 점수가 필요한가? HSK 시험용 찍기 공부 대신 진짜 실력 향상에 무게를 두고 시험 공부하면 된다. 그렇게 하면 자연스럽게 높은 점수가 따라온다.

# 중국어는 세상에서
# 가장 럭셔리한 언어다

## 세계에서 가장 많은 억만장자를 보유한 나라, 중국

'중국판 포브스'로 불리는 〈후룬 리포트〉는 매년 중국 부호 명단을 발표한다. 2018년 보도에 따르면 중국에서 10억 달러 이상의 재산을 보유한 억만장자는 총 819명이다. 미국의 571명보다 248명이나 많다. 2016년만 해도 미국과 비슷한 500여 명 수준이었다. 그런데 2017년 한 해에만 억만장자가 210명이 늘어나면서 단숨에 세계에서 가장 많은 억만장자를 보유한 나라가 됐다. 더 놀라운 것은 중국 억만장자의 평균연령이 58세로 매우 젊었다는 것이다. 세계 억만장자 평균인 63세보다 5세나 젊었다. 마화텅 텐센트 회장, 마윈 알리바바 회장, 레이쥔 샤오미 회장은 중국을 대표하는 첨단기업의 창업가이자 맨주먹으로 만리장성을 쌓은 자수성가형 부자들이다. 중국은 세계에서 자수성가형 부자를 가장 많이 배출하는 나라가 됐다.

억만장자 갑부들이 급증하면서 럭셔리 시장도 이미 호황이라고 한다. 얼마 전에 단 8대만 제작된 13억 원짜리 럭셔리 투어버스가 중국에서 출시되었는데, 출시 발표 이틀 만에 대기자 수가 70명을 넘었다.

또한 전문 집사를 양성하는 네덜란드 국제집사전문양성학교가 세계 최초로 중국에 분원을 설치했다. 중국 최초의 집사전문양성학교가 탄생한 것이다. 스위스, 벨기에, 미국, 캐나다 출신의 집사 출신 강사들이 직접 교육을 하는데, 부유 계층을 위한 신발 닦기, 술 따르기, 프랑스산 와인 고르기 등을 배운다. 그들을 교육하는 다른 나라 출신의 강사들이 중국어 교육까지 받고 있다고 한다.

백만장자나 억만장자까지는 사실 너무 비현실적이라 와 닿지가 않는다. 내가 비행을 할 때 보았던 중국인 승객들만 떠올려도 중국에 부자들이 얼마나 늘어나고 있는지 짐작이 간다. 비즈니스석이나 일등석에 탑승하는 중국인 승객들 중 거의 대부분의 사람들이 온몸을 명품으로 휘감고 있었다.

예전에 중국에 짝퉁시장이 워낙 많았던 걸 기억하는 나는 처음엔 '저게 다 가짜인가? 진짜 명품인가?' 하고 놀랐다. 그런데 정말 다 진품이었다. 기내 면세품을 현금으로 싹 다 사가는 중국인도 있었다.

한번은 일등석에 세 명의 중국 남자 승객이 탑승했다. 승객들은 파리까지 가는 동안 나에게 지금 차고 있는 시계는 얼마짜리인지, 중국에서 부동산으로 얼마나 많은 돈을 벌었는지 침을 튀기며 자랑했다. 나는 부럽기도 하고 신기하기도 했다. 내가 2003년부터 2004년까지 중국에서 공부했다고 이야기하자 그분들은 나보다 더 안타까워했다.

"아이야~ 그때 쓰러져 가는 집을 한 칸 샀으면 지금 이 고생을 안 할걸!"

나는 그분들이 귀엽게 느껴지기까지 했다.

## 중국은 빠르게 변화하고 있다

내가 졸업반이던 4학년 여름방학 때 중국의 청년지도자 200명이 한국을 방문했다. 그때 나는 행사 진행요원으로 활동에 참여했다. 당시 부산에서 롯데백화점을 단체로 방문했다. 초청된 중국 지도자들은 모두 공산당에서도 비교적 높은 위치에 있는 사람들이었고 각 분야에서 내로라하는 사람들이었다.

그날 백화점 일일 매출이 아마 엄청났을 것이다. 어떤 사람은 홍삼 브랜드 매장에 있는 제품을 싹 다 구매하고 호텔로 배송시켰다. 내가 같이 다니면서 통역을 도와줬던 한 경극배우는 옷 수십 벌을 그 자리에서 현금으로 쓸어 담았다. 나는 그날 놀라서 입이 다물어지지 않았다. 계속되는 세미나에 다소 지쳐 있던 중국 대표

단들의 표정이 폭풍우 같은 쇼핑을 마친 후 완전 밝아졌던 기억이
또렷하다.

　　아직도 중국에 대해 완전히 잘못 인식하고 있는 사람들이 있
다. 공산국가이기 때문에 여전히 못살고 미개한 나라라고 생각하
는 것이다. 워낙 크고 사람이 많은 곳이다 보니 전체적으로 우리나
라처럼 깔끔하지는 않다. 아직 의식 수준이 높지 않은 사람들이 많
은 것도 사실이다. 인구수가 14억이니 못사는 사람의 수가 부자의
수보다 훨씬 많다. 조금만 도시 외곽으로 나가 보면 아직도 우리나
라의 1970년대 같은 지역도 많다. 하지만 잘사는 사람도 엄청나게
많다. 중국이라는 국가 전체의 경제를 놓고 볼 때 결코 우리나라에
뒤지거나 낙후되지 않았다. 오히려 우리나라를 훨씬 능가하며 앞서
가는 분야도 많다.

　　작년 여름 나는 칭다오에 다녀왔다. 잠깐만 봐도 휴대전화 QR코
드로 결제하는 시스템이 완벽하게 갖추어져 있다는 걸 알 수 있었다.
백화점이나 큰 상점뿐만이 아니었다. 시장에서, 심지어 길거리에서 과
일을 파는 상인들도 모두 QR코드로 물건을 결제했다. 자판기에도 동
전을 넣지 않고 QR코드를 스캔하면 원하는 음료수가 내려왔다. 우리
나라에서는 망한 QR코드가 중국에서는 이렇게 성행하고 있었다.

　　택시에서 지폐를 냈더니 기사가 난처한 표정을 지으면서 "미안
한데 동전이 모자라네요. 스캔해 주실래요?"라고 물었다. 중국에서

는 거지도 QR코드로 동냥을 한다는 우스갯소리를 들었다. 중국 경제가 엄청 빠르게 변화하고 있다는 것이 실감났다. 일반 서민들에게까지 미치는 영향과 속도가 몸소 느껴졌다.

## 중국어가 가지게 될 막강한 힘을 기대하라

과거 유럽에서는 프랑스어의 힘이 가장 막강했다. 오늘날에는 미국이 전 세계에서 가장 힘이 센 강대국이기 때문에 영어가 가장 힘이 센 언어다. 이제 전 세계 돈의 흐름이 중국으로 향하고 있다. 이는 곧 중국어의 중요도 역시 커지고 있음을 의미한다고 생각한다. 이미 중국어는 떠오르는 우세 언어가 되었다. 내 생각에 앞으로 중국어는 영어 못지않은 막강한 우세 언어가 될 것이다.

인공지능이 사람을 대체하면서 외국어를 배울 필요가 없게 될 거라고 주장하는 사람들도 있다. 나는 완전히 동의하지는 않는다. 기계가 시간차 없는 완전한 통역을 할 수 있게 된다 해도 인간 대 인간으로서의 온전한 소통과 교류를 하는 데는 한계가 있다. 특히 중국어는 구사하는 사람의 수가 어마어마하게 많고 지역마다 사람마다 쓰는 억양, 말투가 다 다르기 때문에 기계가 그것을 완벽하게 캐치하기 어려울 것이다.

게다가 중국인의 특성상 그들은 옛 한시를 인용해 외교적인 발언도 하고 협상과 사교를 한다. 중국의 문자, 중국어라는 언어가 가지고 있는 문화를 이해하면 비즈니스를 함에 있어 훨씬 더 부드러운 교제를 할 수 있다.

전 세계의 유명한 정치인들이, 기업가들이 왜 자녀들에게 중국어를 그토록 열심히 가르치는지를 보면 알 수 있다. 왜 트럼프 대통령의 손녀딸이 시진핑 앞에서 한시를 낭독했을까? 왜 오바마 대통령의 딸들이 일찌감치 중국어 배우기를 시작했을까?

나는 2015년도에 페이스북의 창립자 마크 저커버그가 중국 칭화대학을 방문해 중국어로 강연한 영상을 보았다. 그는 20분이 넘는 시간 동안 중국어로 연설하고 질의응답까지 마쳤다. 그의 발음은 어설프고 다소 알아듣기 힘들었지만 무슨 이야기를 하려고 하는지는 알아들을 수 있었다. 그는 왜 중국어로 힘든 연설을 끝까지 진지하게 해냈을까? 중국 당국은 페이스북의 접속을 완전히 차단해 놓은 상태여서 그 연설을 듣는 중국인 중에 페이스북 이용자는 없었을 텐데 말이다. 중국이 가진 막강한 힘, 앞으로 중국어가 가지게 될 막강한 힘을 알고 있었기 때문일 것이다.

# 승무원이 되고 싶다면
# 중국어를 배워라

## 나는 중국어를 통해 꿈을 실현했다

나는 중·고등학교 시절에도, 대학교에 다닐 때도 한 번도 승무원을 꿈꿔 본 적이 없다. 4학년 때 같은 과 동기들 중 많은 친구들이 한 번씩은 아시아나항공이나 대한항공의 승무원 면접에 다녀왔다. 그 당시는 지금처럼 저비용항공사가 많던 시절도 아니었다. 그래서 승무원이 되는 길은 더 좁고 어려웠다. 친구들이 평소와 다르게 예쁘게 화장을 하고 면접용 정장을 입고 학교에 나타날 때마다 "우와, 너네 멋지다!"라고 감탄만 했다. 나와는 전혀 상관없는 일이었다.

스물일곱 살이 되던 해 1월의 어느 날 아침, 근무 시작하기 전 신문을 보다가 우연히 기사 하나를 발견했다.

"대한항공, 아시아나항공 승무원 입사 지원 나이 제한 폐지"

그동안 승무원에 입사 지원 가능한 나이는 26세까지였다.

'나도 승무원이 될 수 있다고?'

딱 나를 뽑기 위해 제한이 풀린 것 같다는 착각이 들었다. 마침 회사생활에 회의를 느끼고 있던 참이었다. 나는 여자가 주를 이루는 회사에 가고 싶다는 단순한 생각에 승무원에 도전해야겠다고 결심했다. 나는 두 번 고민하지 않고 바로 회사에 퇴사 통보를 했다.

"아니, 갑자기 왜 그만둔다는 거야?"

"저 승무원 하려고요."

"뭐? 승무원은 뭐 아무나 하는 줄 알아? 그냥 회사 다녀. 그 일 엄청 힘들대. 왜 그래?"

나는 타고나길 변덕쟁이에 불덩이 같은 성격으로 태어났다. 한 번 마음먹으면 뒤도 돌아보지 않는다. 이 점은 때론 장점이 되기도 치명적인 단점이 되기도 한다.

'나 정도면 충분히 붙고도 남지!'

나는 자신만만했다. 하지만 기대와는 달리 아시아나항공은 서류에서부터 탈락했다. 대한항공은 최종면접에서 고배를 마셨다. 졸지에 또 다시 백수가 된 나는 아르바이트를 하며 기약 없는 승무원 준비를 계속했다. 그 사이 카타르항공, 타이항공, 홍콩항공에 지원했지만 각각 2차, 1차, 3차에서 떨어졌다. 면접을 볼 때마다 메이크업숍에서 쓰는 비용만도 엄청났다. 나는 슬슬 부담과 걱정이 되긴 했지만, 이미 엎질러진 물이었다.

약 2개월 후 마카오항공 지원 공고를 보고 다시 만세를 외쳤다. '중국어 가능자 우대' 조항이 있었다. 1차는 3인 1조 그룹 면접이었다. 먼저 중국어와 영어로 개별 질문을 받았다. 그리고 '스스로를 발전시키기 위해 무슨 노력을 하나?'라는 주제로 영어 토론을 진행했다. 2차 면접은 5인 1조로 영어 자기소개와 중국어, 영어 기내방송문 읽기를 진행했다. 3차 면접은 혼자 들어가 중국어로 이런저런 질문에 답변하며 자연스러운 대화를 나누었다. 영어 필기테스트까지 매 코스 쉽지 않은 관문을 거쳐 드디어 합격 축하 메일을 받았다.

나는 그렇게 승무원으로서의 첫 걸음을 시작했다. 같이 합격한 동기들 18명 중 13명은 모두 중국어를 구사할 수 있었다. 초, 중, 고, 대학교를 모두 중국에서 다녀 원어민 뺨치게 중국어가 유창한 동기도 있었다. 물론 간단한 회화만 가능한 사람도 있었다. 5명은 오로지 영어만 가능한 경우였는데 그들은 모두 영어가 매우 유창했다. 당시 29, 30세 언니들도 있었다. 언니들은 모두 중국어가 가능했다.

내가 만약 중국어를 하지 못했다면? 아마 마카오항공에 입사하지 못했을 것이다. 영어의 비중이 매우 큰 항공사에는 지원할 엄두조차 못 냈을 것이고, 실제로 카타르항공과 타이항공 면접장에서는 답변을 썩 잘하지 못했다. 중국어를 많이 보는 마카오항공의 면접에서는 다소 영어가 부족하더라도 중국어 실력으로 커버할 수 있다는 자신감을 갖고 임할 수 있었고, 실제로도 그랬다. 결과적으로 그때 마카오항공에 합격했기 때문에 29세의 나이에, 보수적이기로 유명한 대한항공에도 입사할 수 있었다. 대한항공 지원 세 번째 만의 합격이었다.

## 관점을 바꾸고 자신감을 가져라

요즘은 내가 지원할 때보다 더 많은 항공사가 생겨났다. 특히 저비용항공사들은 중국, 일본, 동남아 등 가까운 국가 노선이 많다. 항공사들은 중국어 능통자를 매우 선호한다. 제주항공에서는 아예 별도로 중국어 능통자 우대 전형을 실시하고 있다. 티웨이항공은 면접에서 중국어 가능자에게 기내 방송문을 읽도록 시키고 유창성을 평가한다. 또한 중국국제항공, 중국남방항공, 중국동방항공, 상하이항공, 하이난항공, 에어마카오 등 여러 중국 항공사들이 한국인 승무원을 채용한다.

나는 승무원이 되고 싶다고 하면서 영어나 중국어 배우기에 소홀한 준비생을 보면 굉장히 안타깝다. 요즘은 SNS가 워낙 발달한 시대이다 보니, 이제 갓 입사한 어린 승무원들도 SNS에서 활발히 활동하고 있다. 그들이 SNS에서 보여 주는 모습은 매우 예쁘고 화려하다. 일부 준비생들은 또래 승무원들의 외적인 모습만을 동경하

| 대한항공 근무 시절 프로필 사진

며 실력을 키우려는 생각보다는 외모를 가꾸는 데 치중하고 있다. 그러면서 "저는 영어를 잘 못해서 외국 항공사는 지원할 수가 없어요."라고 말하는 준비생들이 있다. 참으로 답답하다. 영어는 국내 항공사에 지원할 때도 기본이다.

나는 그들이 관점을 바꾸고 좀 더 자신감을 가졌으면 좋겠다. 중국어를 조금만 할 줄 알아도 지원할 수 있는 항공사의 범위는 훨씬 넓어진다. 세상에 항공사는 정말 많다. 대한항공, 아시아나항공만 있는 게 아니다. 또한 외국 항공사 근무 경력을 인정받아 나처럼 경력직으로 대한항공에 입사할 수 있는 길도 있다. 승무원이 되는 길은 여러 갈래가 있는데 굳이 단 하나의 길만 고집할 필요가 있을까?

특히 중국동방항공은 합격한 사람들의 외적인 분위기가 국내 항공사 합격자들과 거의 유사한 것으로 잘 알려져 있다. 그런데 동방항공의 경우 중국어능력시험(HSK) 점수가 3급 이상이어야만 지원할 수 있는 자격이 된다. 3급은 결코 높은 급수가 아니다. 중국어를 전혀 못하던 초보도 몇 개월만 집중해서 준비하면 취득할 수 있는 급수다.

실제로 동방항공에 입사한 합격생의 사례를 보면 꼭 높은 급수를 취득한 사람만 합격한 것이 절대 아니다. 3급의 기본점수만 가지고 있어도 면접에서 본인 수준의 중국어로 최선을 다해 어필하면 좋은 결과를 얻어낼 수 있다. 3급만 있으면 지원 자격이 되는데,

아예 지원할 자격조차 갖지 못한다면 너무 안타깝지 않은가?

## 지금 당장 중국어 공부를 시작하라

'취업도 안 되고, 로또나 맞았으면 좋겠다'라고 생각한 적이 있는가? 로또복권에 당첨되려면 먼저 복권을 구입해야 한다. 구입도 하지 않으면서 1등 당첨을 바란다면 헛된 망상일 뿐이다. 당신이 승무원이 되기를 간절히 바라고 또 바란다면, 지금 당장 중국어 공부를 시작하라. 내가 지원할 수 있는 항공사의 범위를 넓히고 기회를 잡아야 한다. 세상에 나를 알아주는 항공사는 반드시 있다.

중국 항공사는 국내 항공사만큼 채용이 자주 나오지는 않는다. 그러니 지금부터 조금씩 국내 항공사 입사 준비와 병행하면 된다. 전문가의 도움을 받으면 충분히 합격할 수 있다. 유튜브에서 〈메이멍TV〉를 검색해 보기 바란다. 전직 승무원 출신 중국어 강사인 나의 채널이다. '메이멍'은 중국어로 '아름다운 꿈'이란 뜻이다. 한자 아름다울 미(美) 자의 중국어 발음인 '메이'와 꿈 몽(夢) 자의 '멍'을 합친 것이다.

나는 유튜브 채널에 중국어 기내방송문, 기내에서 활용할 수 있는 중국어 표현 등 승무원 준비생과 현직 승무원들을 위한 중국어 자료를 업로드하고 있다.

뿐만 아니라 인천 송도와 서울 마곡에서 승무원 지망생들을 위한 HSK 3급, 4급 준비 과정, 중국어회화, 면접 대비 수업을 진행하고 있다. 중국어를 공부하다 어려움이 생기거나 면접을 위한 컨설팅, 수업을 받고자 한다면 내가 운영하는 카페 〈왕초보중국어연구소〉에 방문해 보길 바란다. 인스타그램 chinanun_crew로 메시지를 보내거나 나의 휴대전화 010.7151.4185로 연락을 해도 좋다. 아낌없는 가르침과 조언으로 인생 설계에 도움을 주는 최고의 중국어 코치이자 인생 선배가 되어 주겠다. 당신의 아름다운 꿈, '메이멍'을 응원한다.

3장

놀면서
배우는
실전
중국어

# 놀아도
# 중국어 환경에서 놀아라

## 호되게 치른 중국 생활 신고식

처음 중국으로 연수를 갈 때 나는 일부러 북경과 상해가 아닌 창춘을 선택했다. 창춘에서 공부한 학원 선생님이 창춘은 물가도 저렴하고 사람들 발음이 좋아서 중국어 배우기에 좋다고 추천했기 때문이다. 무엇보다도 북경, 상해에 비해 한국 학생의 수가 적다고 해서 그 점이 제일 끌렸다. 나는 창춘으로 일찌감치 지역을 정하고 학교를 알아보기 시작했다. 길림대학, 창춘대학, 동북사범대학 등 창춘에도 어학연수 코스를 운영하는 학교가 여러 곳이 있었다. 한국인이 적다는 선생님의 말씀은 정말 상대적으로 적다는 것이지 어디를 문의해 봐도 한국 학생들은 넘치고 넘쳤다.

나는 수소문 끝에 일부러 서울, 인천 지역이 아닌 대전까지 가서 유학원에 등록했다. 길림대학 지질대 캠퍼스 어학연수 과정을 전문으로 하는 소규모 유학원이었다. 지질대 어학연수 과정은 일반 사람들에게는 거의 알려지지 않은 곳이었다. 같은 길림대 소속 교수님들이 와서 소그룹으로 수업을 해 주는 과정이었다. 유학원 원장님은 초급1반, 초급2반, 중급반이 개설될 예정이며 한 반의 인원은 최대 10명 이내라고 했다. 적은 인원이 너무 맘에 들었다. 다만 문제는 같은 반 학생들이 모두 한국인일 것이라고 했다. 나는 잠시 고민했지만 어차피 어디를 가도 한국인이 제일 많을 테고 기왕이면 전체 인원이라도 적은 곳에 가기로 결심했다.

지나고 나서 생각해 보니 왜 유학원 원장님이 하필 출국 날짜를 그렇게 잡았는지 의문이다. 부푼 꿈을 안고 창춘에 도착한 그날은 중국 최대 명절인 춘절(설날) 연휴를 하루 앞둔 날이었다. 도착하자마자 우리는 학교의 환영 인사를 받고 기숙사에 배정받았다. 유학원 원장님은 그날 저녁 꽤 근사해 보이는 식당으로 우리를 데려가 저녁식사를 대접해 주었다. 그리고 다음날부터 각자의 생활이 시작되었다.

문제는 그때부터였다. 춘절 연휴가 시작되기 전에 며칠간 먹을 비상식량이라도 준비해 두었어야 했는데 나는 아무것도 미리 사두지 못했다. 교내 모든 식당과 매점이 다 문을 닫은 상태였다. 그나마 학교 안에서는 안정감이 들었지만 학교 밖으로 나가니 휑한 세상이 너무 무섭게 느껴졌다.

'제발 아무 곳이라도 문 연 곳 좀 있었으면…'

아무리 찾아 헤매도 문 연 가게나 식당은 한 곳도 안 보였다. 나는 그렇게 하루 하고도 반나절을 쫄쫄 굶었다. 비행기 탈 때 짐 무게가 어마어마할까 봐 걱정되어서 그랬을까. 흔한 참치캔 하나 챙겨가질 않았던 것이다.

다행히 그 다음날 문 연 빵가게를 발견했다. 거기에서 나는 모닝빵과 식빵, 탄산음료를 샀다. 너무 배가 고파서 참을 수가 없었던 나는 정말 거지처럼 빵을 뜯어 먹고 음료를 마셨다. 결국 한밤중에 탈이 났다. 나는 화장실에서 변기를 붙들고 토하고 울기를 몇 시간 이나 반복했다. 나는 그날이 아직도 잊히지 않는다. 내가 혼자 엉엉 울면서 빵을 토해내는 동안 창 밖에서는 2003년 새해를 알리는 폭죽 소리가 밤새 요란하게 울려 퍼졌다. 나는 중국 생활 신고식을 제대로 치렀다.

## 중국인과의 교류를 이어나가라

예상대로 같이 수업 듣는 학생들은 모두 한국인이었다. 기숙사에는 한국인, 북한 사람들, 중동과 아프리카에서 온 학생들이 같이 생활을 했지만 한국인을 제외한 다른 학생들은 모두 대학원생이었다. 어쩔 수 없이 수업 시간 이외에는 한국 친구들과 한국어로 수다 떨고 몰려다니는 시간이 많았다. 하지만 나는 중국에 중국어를

| 중국에서의 어학연수 시절

배우러 온 이상 중국 친구들과도 최대한 많이 어울리기 위해 노력
했다.

먼저 중국인 과외 선생님을 여러 명 구했다. 학교 정규수업은
오전에 끝났다. 오후는 개인적으로 공부를 하거나 알아서 시간을
보내야 했다. 나는 요일별, 시간대별로 다른 과외 선생님과 계속 공
부했다. 일부러 발음이 깨끗한 사람만 찾지도 않았다. 이런 저런 발
음도 듣고 익숙해져야 했기 때문이다.

학교 바로 옆에는 원화광창이라는 큰 광장이 있었다. 나는 광장
에 나가 과외 선생님인 잉란 언니와 같이 걸으면서 수다를 떨기도

했다. 나와 같은 강(姜) 씨 성을 가진 언니는 특히 나를 예뻐해 주었다. 선생님이라 해도 대부분 과외 아르바이트를 하는 내 또래 대학생이었는데 잉란 언니는 서른한 살이었다.

"베이징카오야(북경오리구이) 먹어 봤어?"

"아니, 아직. 그거 맛있어요?"

"어, 진짜 맛있어. 토요일에 우리 가족 모임하는데. 같이 가자."

단출하게 서너 명 모이는 가족 모임을 상상하고 갔던 나는 식당 방 안쪽에 20명이 넘는 사람들이 앉아 있는 걸 보고 어안이 벙벙했다. 그중 누구 하나 내가 그 자리에 있는 것을 이상하게 여기지 않고 친근하게 이런저런 이야기를 해주었다. 내가 "강태공의 강(姜), 윤허하다, 허락하다는 뜻의 윤(允), 구슬, 진주의 주(珠) 강윤주"라고 이름을 소개하자 같은 성씨라 더 반갑다며 음식을 내 접시에 막 올려 주었다. 처음 먹어 본 북경오리구이는 살짝 느끼하긴 했지만 먹을수록 맛있었다.

식사를 마치자 식구들은 테이블과 의자들을 한쪽 구석으로 싹 밀었다. 불을 다 끄더니 노래방 기계를 켰다. 그러고는 신나게 춤을 추면서 노래를 불렀다. 처음 만나는 잉란 언니의 할아버지, 할머니, 가족, 친척들과 고래고래 소리 지르고 노래 부르면서 놀았다. 내가 한국 댄스곡을 부르면 더 좋다고 신나게 스텝을 밟았다.

또 한번은 학교에서 진행하는 중국인-외국인 교류 활동에 참여했다. 같이 버스를 타고 교외로 가서 체육대회를 하고 '마니또' 게임과 거의 비슷한 '수호천사' 게임도 했다. 중국 친구 두 명이 한 명의 외국 학생의 수호천사가 되어 수시로 도와주고 친근하게 대해 주는 것이었다. 그때 나는 웨이쿤, 리우라는 두 멋진 수호천사를 알게 되었다. 그때부터 인연이 되어 자주 만나 식사도 하고 수다를 떨었다. 그 친구들은 작은 캠퍼스에서 생활하는 나를 데리고 본교 구경을 시켜 주었다. 나로서는 이해하기 힘든 맛이 나는 고수(샹차이)와 샐러리를 왜 중국인들이 그토록 좋아하는지 열변을 토하며 가르쳐 주기도 했다. 웨이쿤은 결혼식에서 찍은 사진도 메일로 보내 주고 내가 결혼할 때도 축하 전화를 해 줄 정도로 오랫동안 연락을 주고받았다.

## 관심의 주파수를 중국어에 맞춰라

중국에서 공부하는 유학생이라고 100% 중국어 환경에 놓이는 것은 아니다. 중국에서 생활하면서도 자칫하면 한국인 친구들하고만 교류하게 되고 만다. 중국인과는 말 한마디 하지 않고도 오히려 더 자유롭고 신나는 중국 생활을 할 수 있다. 그만큼 아까운 시간과 기회, 돈을 낭비하고 말 것이다. 지금 중국에서 공부하고 있거나 중국에 갈 계획이 있는 사람이라면, 한국에서 공부하는 이들보다 훨씬 더 유리한 환경에 놓여 있음을 감사히 여기며 최대한 중국인과 인연을 맺기를 바란다.

유학생이 아니어도 걱정할 필요가 없다. 요즘은 유튜브나 요우쿠 등 온라인 세상에 훌륭한 콘텐츠가 넘쳐난다. 내가 배우는 언어를 가지고 놀며 즐길 수 있는 환경을 얼마든지 쉽게 만들 수 있다. 특정 요일에는 무조건 중국어만 쓰는 '중국어 데이'를 만들어 보는 것도 좋다. 나는 중국에서 돌아와 복학한 후 같이 스터디를 하는 친구들과 '중국어 데이'를 가졌다. 동일한 상황에서 서로 어떻게 다른 말로 표현하는지 확인하며 실력을 키웠다. 중국어로만 대화를 하다가 막히면 같이 사전을 뒤지며 맞는 표현을 찾는 것은 일종의 놀이였다. 그날은 혼잣말도 중국어로 하고 중국어 일기도 썼다.

나는 요즘 중국판 인스타그램 샤오홍슈(小红书)에서도 활동하고 있다. 동시대의 중국 사람들이 즐기는 문화 트렌드를 관찰하며 같이 참여할 수 있으니 무척 재미있다. 공부라고 생각하면 스트레스가 되지만 중국어로 논다고 관점을 바꾸면 즐길 수 있다. 청소를 할 때나 차에서 이동할 때 중국 노래나 유튜브 영상을 틀어 놓자. 노출에 의의를 두고 꼭 집중해 듣지 않아도 된다. 관심의 주파수를 살짝 중국어 쪽으로 더 기울여 두면 된다.

# 자원봉사도
# 중국어가 필요한 곳에서 하라

## 자원봉사를 하면서도 중국어를 활용할 수 있다

나는 어학연수에서 돌아오자마자 한국관광공사의 관광 통역 봉사활동을 시작했다. 관광공사 홈페이지를 통해 외국인 관광객과 통역 봉사자가 날짜와 일정을 조율한 후 직접 만나 관광일정을 함께하는 활동이다. 나는 주로 대만의 관광객들과 매칭이 되었다. 전문 가이드나 통역사가 아니기 때문에 서로 큰 부담이 없었다. 외국인 친구들과 수다 떨면서 같이 한국을 여행하는 기분을 만끽할 수 있었다. 식사비나 입장권도 무조건 관광객이 부담하는 것이 원칙이었다.

처음 만난 여행객은 둘이 친구 사이였다. 둘 다 한국에 푹 빠져서 자주 놀러 온다고 했다. 나보다 더 한국 문화에 대해 잘 아는 한국마니아였다. 경복궁과 덕수궁은 이미 가봤는데 창경궁을 못 가봤다고 해서 창경궁 투어를 했다. 나도 창경궁에는 처음 가보았다. 그때 인연이 되어 나는 이 친구들을 대만과 한국, 마카오에서 세 번이나 더 만났다.

또 다른 자매 관광객과는 남산타워 구경을 했다. 돌솥비빔밥을 먹는데 고추장을 손톱만큼만 넣고도 맵다고 호들갑을 떨었다. 한옥마을에 가서 한복 입기 체험도 했다. 예쁜 공주님이 된 것 같다며 어쩌나 소녀처럼 좋아하던지 나까지 덩달아 기분이 좋았다. 그때 한복을 입고 다소곳이 앉아 찍은 사진을 볼 때마다 유난히 배려심이 좋고 착했던 두 자매 생각이 많이 난다.

마냥 좋은 관광객만 있었던 것은 아니었다. 대만에서 온 커플이

| 한국관광공사 통역봉사활동 때. 자매 관광객과 한옥마을에서 한복 입기 체험을 했다.

있었는데 명동에서 쇼핑을 하는 내내 둘이 싸우고 화내다 갑자기 한 명이 사라지고 정말 난리도 아니었다.

4학년 때는 한중미래숲 4기 청년봉사단원에 선발되었다. 미래 숲은 한중수교 당시 큰 역할을 해내고 그 후 주중대사관을 역임했던 권병현 대표님이 이끄는 NGO 단체다. 2002년부터 지금까지 한중 청년 우호증진, 황사 및 사막화 방지 나무 심기 등 활발한 활동을 진행하고 있다. 면접을 통해 선발된 대학생들이 일주일간 중국의 베이징, 영하회족자치구 사막지역에 함께 갔다. 중국에 가기 전 세미나를 통해 중국에 대해 공부하면서 문화공연 준비를 했다. 그리고 중국 사막지역에 가서 황사 방지 나무 심기 활동을 대대적으로 진행했다. 베이징에서는 북경대, 칭화대 학생들과 열띤 토론을 벌이고 공연도 하며 우정을 쌓았다.

광활하게 펼쳐진 사막에서는 나무 한 그루 찾기가 어려웠다. 척박한 사막에서 그리 멀지 않은 곳에 사람이 살고 있다는 것도 신기했다. 그곳은 중국의 소수민족 중 하나인 회족(回族)이 모여 사는 회족자치구였다. 같이 나무 심기에 참여한 회족 학생들은 정말 순수하고 적극적이었다. 외모가 이국적이어서 처음엔 조금 낯설었다. 그중 한 남학생의 외모가 우리나라 배우 장동건과 매우 닮아서 우리 일행 중 한 친구가 중국어로 "어, 너 장동건 닮았어!"라고 하자 그 친구가 유명 배우인 장동건을 알아듣고 웃으며 대답했다. "우리

동네엔 장동건이 널렸어!"

그때 나는 한국 학생 대표가 되었다. 또 다른 남학생 대표와 함께 문화 공연의 사회자로 진행을 이끌었다. 우리 방중단의 일정을 따라 〈인민일보〉 등 중국의 언론사들이 취재를 하러 왔다. 한국의 KBS에서도 취재를 왔다. 그때마다 내가 앞에 나가서 인사말과 소감 등을 발표했다. 나와 남학생 둘은 대표로 중국중앙방송(CCTV) 한국어방송국에 직접 가서 라디오 녹음 방송에도 참여했다. 귀국 후에는 다른 5명의 학생들과 〈한국일보〉와의 인터뷰를 통해 방중단에 다녀온 소감, 사막에서 나무 심기를 하며 배운 점을 이야기하기도 했다.

미래숲에서는 중국 방문뿐만 아니라 중국청년대표단 한국 방문 행사도 실시했다. 중국 전역의 청년지도자 200명이 한국에 초청되었다. 그들은 각 업계에서 두각을 나타내는 공산당 소속 젊은 지도자들이었다. 서울, 광주, 부산, 제주 등 전국을 돌며 문화행사와 세미나, 관광을 했다. 그때 나는 참가자들의 이름표 제작이나 물품을 세팅하는 행사 준비부터 차량 인솔, 개별 수행 통역 등 전체 일정에 참여했다.

한국과 중국의 지도자들이 일주일간 우정을 나누면서 교류했다. 현장의 열기는 일주일 내내 식을 줄 몰랐다. 마지막 만찬장에서 한국과 중국의 청년 지도자들이 앞으로 더욱 활발히 교류하고 친선을 다지기로 약속했다. 모두 부둥켜안고 사진을 찍으며 눈물을

| 한중미래숲 중국청년대표단 한국 방문 행사

흘렸다. 두 나라를 이끄는 성공한 지도자들의 열정과 훌륭한 성품
은 학생이었던 나에게 커다란 동기부여가 되었다.

### 중국어를 연습하고 활용할 기회는 얼마든지 있다

나는 2011년도부터 지금까지 BBB 전화통역 봉사자로 활동 중
이다. BBB는 영어, 일본어, 중국어, 러시아어, 몽골어, 베트남어 등
을 구사할 수 있는 자원 봉사자들이 휴대전화를 이용해 통역해 주
는 언어 봉사 활동이다. 나는 출퇴근하면서 공항 곳곳에 BBB 전
화 통역 봉사 안내가 쓰여 있는 것을 보았다. 그래서 호기심을 갖
고 있던 차에 회사 사내 게시판에 'BBB 통역 봉사가 가능한 직원

을 모집한다'는 글을 보았다. 대한항공이 BBB를 후원하면서 사내 직원들의 참여를 독려하는 글이었다.

나는 언제나 그랬듯 두 번 고민하지 않고 지원했다. 간단한 전화 테스트에 통과해 정식 봉사자가 되었다. 처음에는 '비행 근무 때문에 전화를 잘 받지 못할 텐데 혹시 오히려 민폐를 끼치게 되는 건 아닐까?' 하고 걱정했다. 다행히 여러 봉사자에게 동시에 콜을 보내고 그중 가장 먼저 전화를 받는 사람과 연결이 되는 것이라 부담을 갖지 않아도 되었다.


전화로 통역을 요청하는 내용은 다양했다. 한국 화장품 가게에서 인삼마스크 팩을 사고 싶은데 의사소통이 안 된다며 도와달라는 내용, 한국 숙소에 막 도착했는데 필요한 서류가 제대로 준비된 것인지 좀 물어봐 달라는 내용도 있었다. 중국에서 여행하다가 통역 도움을 요청하는 한국인의 전화를 받을 때도 있었다. 물을 사러 편의점에 가고 싶은데 밤늦은 시각이라 어디에 편의점이 있는지, 밖에 사람들이 모여 있는데 나가도 되는 것인지 물어보았다. 중국 사람이나 한국 사람이나 언어 장벽에 막혀서 도움 요청 전화를 걸었을 때 불안함이 가득했던 목소리는 통화를 하며 점차 안도의 목소리로 바뀌었다.

한번은 한국 남자분이 전화를 했다. 곧 중국 여성분과 결혼을 하게 되었는데 아직 의사소통이 확실히 되지 않아 본인이 열심히 중국어 공부를 하고 있다고 했다. 그러면서 아내 될 분이 좋아하는 음식, 스포츠, 취미, 종교, 한국에 와서 하고 싶은 일을 구체적으로 물어보고 싶다고 했다. 앞으로 열심히 일하면서 서로 아끼고 잘 지내고 싶다고도 했다. 구청에서 진행하는 언어교육 프로그램을 활용해서 한국어 배우는 것을 적극 돕겠다고도 했다. 다른 때보다 훨씬 긴 20분 동안 통화를 했다. 그들의 구체적인 사정이야 알 수 없지만 20분 내내 여성분을 배려하며 신경 쓰는 그의 진심이 수화기 너머로 전해졌다.

그렇게 봉사를 하며 지내던 어느 날 BBB코리아에서 발행하는 홍보 매거진과 인터뷰를 했다. 자원 봉사자로 활동하고 있는 대한항공 직원 3인에 뽑힌 것이다. 내가 좋아서 시작한 자원봉사 덕분에 나의 얼굴과 인터뷰 내용까지 잡지에 실리다니 어깨가 으쓱해졌다.


아직 중국어를 유창하게 하지 못해도 참여할 수 있는 활동은 많이 있다. 다문화가정의 아동들과 같이 놀아 주는 봉사활동도 있고, 각종 스포츠 대회나 축제의 자원봉사자로 참여하면서 외국인과 대화하고 연습할 기회를 잡을 수도 있다. 무엇이든 내가 참여할 수 있겠다는 생각이 들면 뛰어들어 보길 바란다.

언어 교환을 통해 서로의 언어를 가르쳐 줄 수도 있다. 나는 영어, 중국어 인터뷰 준비를 할 때 언어 교환을 통해 끊임없이 연습하고 연마했다. 일부 순수하지 않은 의도로 접근하는 남성들도 있었다. 그래서 나중에는 동성 친구만 찾아서 서로의 언어를 가르쳐주었다. 마음만 먹으면 꼭 돈을 들여 수업을 듣지 않고, 자원봉사 경험도 쌓으면서 살아있는 외국어를 연습할 수 있는 기회는 얼마든지 있다.

# 여행을 가더라도
# 중국어 문화권으로 가라

**여행지로도 좋은 나라 중국으로 떠나 보자**

중국어를 배우고 있다면 해외 여행지를 고를 때 중국어 문화권으로 눈을 돌려 보자. 중국만 하더라도 갈 수 있는 지역이 무궁무진하다. 국토의 크기가 대한민국의 100배 가까이 되는 중국은 그 어마무시한 크기만큼 지역마다 독특한 특색을 가지고 있다. 나는 지금까지 북경, 상해, 홍콩, 마카오, 하이난, 닝샤, 대련, 창춘, 하얼빈, 칭다오, 천진 등 많은 중국 도시에 가봤다. 소수민족 자치구에 가면 그동안 생각했던 전형적인 중국의 이미지와는 다른 분위기에서 이색적인 경험을 할 수 있다.

중국의 최남단에 위치한 섬 도시 하이난은 과연 동양의 하와이라고 불릴 만하다. 여름에는 40도 가까이 올라가고 겨울에도 초가을 날씨일 정도로 따뜻하다. 하이난에는 중국 전역의 부유한 사람들이 아파트나 별장을 가지고 있는 경우가 많다고 한다. 그래서일까? 도시 전체가 매우 깨끗하고 발전되어 있다.

나는 9월 말부터 10월 초까지 4박 6일 하이난 여행을 다녀온 적이 있다. 황금연휴 직전 말도 안 되는 저렴한 비용으로 최고급 호텔에서 묵으며 푹 쉬었다. 아이들은 호텔 투숙객에게만 개방되는 프라이빗 비치와 수영장에서 신나게 놀았다. 많은 사람들로 복잡하고 시끄러운 동남아 휴양지와는 또 다른 매력이 있었다. 원래 중국에 여행을 갈 때는 별도의 관광비자나 단체비자가 필요한데, 하이난에 갈 때는 비자를 따로 준비하지 않아도 되어 편했다.

| 퇴사 후 엄마와 쌍둥이 딸들과 함께 떠난 하이난 여행

나는 아직도 중국에서 가보고 싶은 곳이 정말 많다. 먼저 서안에 꼭 가볼 것이다. 중국 최초의 통일국가 진나라의 황제 진시황의 무덤에 가고 싶다. 수천 년간 땅에 묻혀 있다 세상에 나온 병마용의 위엄을 내 눈으로 직접 마주하고 느껴보고 싶다.

또 중국에는 '天上天堂, 天下苏杭'이라는 말이 있다. '하늘 위에는 천국이, 하늘 아래에는 소주와 항주가 있다'는 뜻이다. 그만큼 소주와 항주의 풍경이 아름답다는 것이다. 나는 마카오에서 비행하면서 항주 공항에만 여러 번 가봤다. 비행기 밖으로 발을 내디뎌 보지 못했다. 항주에서 마카오로 돌아가는 비행기에서 나는 몇 번이나 여행 다녀오는 승객들에게 여행이 어땠는지, 정말 그토록 아름다운지 물어봤다. 그때마다 중국 승객들은 이렇게 말했다.

"땅란(당연하지)! '하늘에는 천국이, 땅에는 소주와 항주가 있다'는 말이 괜히 있는 게 아니던걸!"

나는 소주와 항주의 절경을 꼭 구경하고 싶다. '봄의 도시'라는 별칭을 가지고 있는 운남성 쿤밍에 가서 야간열차를 타고 리장까지 가보고 싶다.

## 중국에서만 중국어를 쓸 수 있는 것은 아니다

중국어가 통하는 나라와 지역은 우리가 생각하는 것보다 훨씬 많다. 대만에서도 중국어를 사용한다. 복잡한 한자인 번체자를 쓰고 일부 어휘가 다르긴 하지만 보통화를 가지고 의사소통이 완전히 가능하다.

2013년도에는 〈꽃보다 할배〉라는 프로그램에서 유명 할배(?) 연예인들이 대만 여행을 하며 좌충우돌하는 이야기가 큰 인기를 끌었다. 그리고 우리나라에 대만 여행 열풍을 몰고 왔다. 거리상으로도 가깝고 물가도 저렴한 편이어서 주말을 이용해 여러 번 다녀오는 사람들이 많아졌다.

나 역시 대만에서 많은 추억거리를 쌓았다. 대학교 4학년이던 2005년도에 학교에서 해외문화탐방 지원자를 모집했다. 나는 여동생, 친구들과 팀을 꾸려 당장 지원서를 내기로 했다. 무조건 중국어를 쓸 수 있는 곳에 가기로 정한 후 지역을 골랐다. 해마다 경쟁이 치열해 많은 팀이 떨어진 것을 알고 있었기 때문에 차별화된 특별한 지역을 찾아야 했다. 우리는 대만의 신주과학단지를 발견했다. 대만은 삼성, 엘지와 같은 글로벌기업은 없지만 중소기업이 강한 나라로 알려져 있다. 작지만 강한 중소기업을 많이 탄생시킨 데는 신주과학단지라는 곳의 역할이 크다는 것을 알게 되었다. 그리고 그 중심에 칭화대학이 있었다. 중국 북경에도 이공계 최고의 대학인 칭화대학이 있는데 이공계가 특화된 학교이면서 이름까지 똑같아서 신기했다.

우리는 무작정 칭화대학 관계자에게 메일을 보내 탐방을 하려는 목적과 일정에 대해 알렸다. 기대하지도 않았던 수락 답장을 받았고 면접에서 그 점을 강조해 합격했다. 칭화대학에 도착해 학교에 대한 안내도 받고 어떻게 해서 강한 중소기업 인력을 많이 배출했는지 물어보기도 했다.

학교 구경을 하다가 우연히 나이지리아 출신 유학생 회장을 만났다. 처음 만난 그 학생은 우리를 데리고 온 연구실과 기숙사 방을 돌아다녔다. 우리를 한국에서 온 친한 친구라고 소개하며, 만나는 대만 학생들과 다 사진을 찍게 했다. 어이가 없으면서도 웃기고 재미있어서 아픈 다리를 끌고 따라다니며 계속 사진을 찍었다.

신주에서의 일정을 마치고 아리산과 타이베이 여행을 했다. 아리산 정상까지 올라갈 때 삼림열차를 탔는데 고도가 높아질수록 차장 밖으로 보이는 나무의 종류가 완전히 달라졌다. 처음 출발할 때는 열대 우림 같았는데 정상으로 올라가면서 침엽수처럼 뾰족한 나무들이 많이 보였다. 대만은 무조건 한국보다 따뜻한 줄 알았다가 아리산 산장에서 밤새 얼어 죽을 뻔 했다. 가지고 간 옷을 있는 대로 꺼내 8~9겹씩 다 껴입고 동생과 둘이 꼭 껴안고 선잠을 잤다. 그렇게 밤새 덜덜 떨다가 일출을 보기 위해 억지로 눈을 떴다. 아리산에서 맞이한 일출은 예상보다 훨씬 멋있고 황홀했다. 밤새 덜덜 떨면서 억울했던 마음이 사르르 녹아내렸다.

타이베이에서는 야시장도 구경하고 맛집도 찾아 다녔다. 공원에서 태극권을 연습하는 아저씨에게 말을 걸었더니 즉석에서 시범을 보여 주며 동작을 가르쳐 주었다. 그때 찍은 사진 속 우리의 오리 궁둥이 폼은 지금 봐도 너무 웃기다. 주성치의 영화 〈쿵푸허슬〉

도 그때 타이베이에서 봤다. 마치 우리가 보러 오기를 기다린 것처럼 영어 자막이 달려 상영되었다. 중국어를 못하는 동생과 동생의 친구도 재미있게 영화를 즐겼다.

대만 사람들이 벼슬과 부리, 눈알이 그대로 달린 닭머리 튀김을 먹는 것을 보고 깜짝 놀라 소리를 지르기도 했다. 용감한 친구 한 명이 닭머리 튀김에 도전했다. 처음에는 눈을 감고 꼬치를 든 채 벌벌 떨더니 어느새 영화에 푹 빠져 보면서 튀김을 맛있게 뜯어 먹었다.

## 생각지도 못한 곳에서 중국어를 만날 수 있다

싱가포르, 말레이시아, 인도네시아 등 동남아 지역에서도 중국어가 많이 사용되고 있다. 특히 싱가포르는 영어와 중국어가 공용어이며 간체자를 사용한다. 그래서 일부러 자녀의 유학지로 싱가포르를 선택하는 사람들도 많다. 싱가포르는 도시 전체가 매우 깨끗하고 사람들의 질서 의식 수준도 높아 여행의 만족도 역시 굉장히 좋은 곳이다. 싱가포르에 가서 바로 옆 나라인 말레이시아까지 한 번에 여행하고 오는 코스도 인기가 많다.

홍콩, 마카오도 특별한 중국을 경험할 수 있는 추천 여행지다. 중국은 과거 영국과의 아편전쟁에서 패한 대가로 홍콩을 99년간 영국의 식민지로 내어 주게 되었다. 홍콩은 100년 동안 자유무역으로 부와 번영을 이루었다. 1997년에 중국으로 반환되었지만 그로부터 20년이 지난 지금까지도 홍콩 특유의 정치, 경제, 사회, 문

| 아름다운 홍콩의 야경

화적 특색을 지니고 있다. 서울만큼이나 복잡하고 숨 가쁘게 돌아
가는 일상, 세계 최고 수준의 높은 인구 밀도와 물가는 악명이 높
다. 그럼에도 불구하고 홍콩만이 가지는 감성과 매력으로 수많은
관광객들을 끌어들이고 있다.

내가 1년 넘게 생활했던 마카오는 홍콩에 바로 인접해 있지만
분위기는 많이 다르다. 오랜 세월 포르투갈의 지배하에 있었던 마
카오에는 유럽풍과 중국풍이 묘하게 섞여 있다. 미국 라스베이거스
를 방불케 하는 으리으리한 초대형 호텔들과 카지노가 즐비해 있

다. 중국과 유럽, 라스베이거스 느낌을 한 번에 낼 수 있으면서, 홍콩처럼 많이 번잡하지도 않아서 어린아이들을 동반한 가족 여행으로도 제격이다. 짧은 일정, 저렴한 비용으로 호캉스를 즐기기에도 안성맞춤이다. 마카오는 중국 도시 주해와 국경이 맞닿아 있어 걸어서 중국 본토에 갈 수도 있다.

동남아의 태국과 캄보디아의 상점에서도 중국어로 물건 값을 흥정할 수 있다. 심지어 이탈리아의 레스토랑에서도 중국어로 중국인 사장과 수다를 떨고 여행의 팁을 얻기도 했다. 전 세계적으로 중국어를 사용하는 인구의 수는 얼마나 될까? 14억 플러스 알파다. 전 세계에서 가장 많은 인구가 사용하는 언어다. 중국어를 배우면 생각지도 못한 곳에서도 중국어를 쓸 기회가 생긴다. 다음 휴가는 어디로 갈까 고민 중이라면 중국어 문화권으로 여행을 떠나보자.

# 각종 스터디, 동호회를 활용하라

## 스터디를 활용해 보자

나는 그동안 중국어뿐만 아니라 어떤 공부를 하더라도 스터디를 통해 많은 도움을 받아왔다. 스터디 모임은 같은 목적을 가지고 있는 사람들이 함께하기 때문에 서로에게 동기부여를 해 주고 실질적인 도움을 주고받을 수 있다는 장점이 있다.

나는 대학교 1학년 때 선배들이 이끌어 주는 중국어 회화 스터디에 처음 참여했다. 그때 우리 과에서는 중국어 실력이 출중한 선배들이 자발적으로 후배들을 위해 스터디를 만들어 활동했다. 스터디를 하면서 교수님께 배우는 것과는 또 다른 묘미를 느끼고 궁금한 것도 편하게 물어볼 수 있어 좋았다. 무엇보다 나와 같이 생활하는 가까운 선배들이 중국어를 잘 배워 후배에게 도움을 주는 모습을 보면서 '곧 나도 저렇게 될 수 있겠구나' 하는 자신감을 얻었다.

시험을 준비할 때도 단어 암기 스터디를 활용할 수 있다. 일주일에 몇 단어씩 분량을 정해두고 각자 공부를 한다. 이때 단어를 종이에 쓰고 한국어 뜻만 암기하는 게 아니라 단어장에 예시된 문장을 큰 소리로 낭독하며 같이 암기하도록 해야 효과가 좋다. 단어를 활용한 문장을 스스로 만들어 보고 서로 검토해 주는 과정을 거치면 실력이 눈에 띄게 향상된다. 아직 모든 멤버가 문장을 만들 수준이 안 된다면 돌아가며 순서를 정해서 교재 안에 있는 문장을 활용해 괄호 채우기 등 시험 문제를 출제해 풀어보는 것도 좋다. 틀린 개수만큼 소액의 벌금을 내서 같이 스터디하며 먹을 간식비를 마련한다거나 다음 단계 교재를 살 때 보태는 등의 패널티를 만들면 재미도 있고 선의의 경쟁이 된다.

스터디를 통해 문법 정리도 할 수 있다. 한 권의 문법책을 골라 각자 발표할 부분을 결정한다. 목차의 순서대로 일제히 각자 공부를 하되 스터디 모임을 하는 날 돌아가며 선생님 역할을 하는 것이다. 다른 사람을 가르칠 때만큼 확실한 공부는 없다. 스터디 멤버들 앞에서 발표를 하려면 그 부분만큼은 정말 확실하게 공부해야 한다. 그래서 내가 맡은 파트는 누구보다 제대로 이해하고 활용할 수 있게 된다. 친구들과 자주 접촉할 수 있는 대학생이라면 적극 추천하는 스터디 방식이다.

뭐니 뭐니 해도 승무원을 준비할 때만큼 스터디를 많이 한 적은 없었다. 나는 국내 항공사 입사 준비를 위한 한국어 면접 스터디, 외국 항공사 준비를 위한 영어 면접 스터디를 적극적으로 활용했다. 같이 스터디를 하는 사람들은 곧 나의 경쟁자들이었다. 다른 사람의 장점과 단점을 파악하면서 나의 모습을 돌아보는 데 큰 도움이 되었다. 특히 그동안 나를 단장하고 나의 매력을 어필하는 데 서툴렀던 나로서는 항공과를 졸업한 사람들의 제스처, 대화를 하는 방식 등을 보고 따라 하는 것만으로도 얻는 바가 많았다.

또 영어 면접 스터디에서는 영어로 답변을 유창하게 해내는 준비생들을 보며 고급스러운 영어 표현, 자연스러운 대화와 중간 중간 넣는 추임새 등 학원에서 따로 공부하기 어려운 것들도 배울 수 있었다.

나는 직장에 다닐 때도 온라인을 통한 스터디에 종종 참여했다. 중국 드라마 한 편의 대사를 처음부터 끝까지 훑어보는 스터디도 참여해 보고, 영어 팝송 외워 부르기 스터디에도 참여해 보았다. 드라마 대사 스터디는 실제 연기를 하는 것처럼 대사하는 것을 녹음해서 파일을 올리는 것이었다. 그게 힘들면 모르는 단어나 표현을 정리한 노트를 사진으로 찍어 올려도 인정이 됐다. 나는 해외 호텔에 체류하는 동안 혼자 호텔방에서 역할극을 하면서 스터디 인증 놀이를 했다.

손글씨 스터디를 한 적도 있다. 위안과 격려가 되는 좋은 중국어 문구를 모아놓은 책이 있는데 그 책을 공동으로 구매해서 하루에 한 문장씩 직접 쓰는 스터디였다. 직접 손글씨로 쓴 것을 사진 찍어 올리는 게 무척 재미있었다.

## 스터디가 지금의 나를 만들었다

딸들을 키우면서는 엄마표 중국어 스터디에 열심히 참여했다. 처음에는 스터디 멤버로 시작했다가 나중에는 조장을 도맡았다. 각 조장이 선정한 동화책을 가지고 낭독 연습을 해서 맛깔나게 실수 없이 읽어 줄 수 있도록 연습하는 스터디였다. 같이 스터디를 하는 엄마들 중에는 나처럼 중국어를 전공한 사람도 있었지만 아예 중국어를 모르는 사람들도 있었다. 그들도 나처럼 아이에게 재미있는 동화책을 중국어로 읽어 주고 싶어 했다. 열심히는 참여하는데 발음, 성조의 기초가 없어서 오히려 엉망이 되는 엄마들이 너무 안타까웠다. 나는 틀린 부분을 어떻게 고치면 좋은지 알려 주고 제대로 된 발음으로 녹음까지 해서 보내 주는 정성까지 들이면서 스터디를 이끌었다. 엄마들이 보고 공부할 수 있도록 단어를 정리한 자료도 파일로 올려 주곤 했다.

아직 돌도 안 된 쌍둥이를 키우면서 공부를 한다는 것이 결코 만만치는 않았다. 한 녀석을 간신히 재워두면 다른 녀석이 일어나서 울고, 그 아이를 간신히 달래두면 다른 아이가 다시 칭얼대는 게 일상이었다. 하루 종일 두 아이를 먹인 분유병을 세어 보니 스무 개가 넘을 정도였다. 하루 종일 쉴 새 없이 이어지는 네버 엔딩 육아였다. 그런 쌍둥이 육아의 고단함을 중국어 스터디를 하면서 풀었다고 하면 이해할 수 있는 사람이 얼마나 있을까 싶다. 나는 아이들을 겨우 다 재운 밤 11시, 12시에 살금살금 베란다로 나가 휴대전화에 입을 가까이 대고 소리가 새지 않도록 손으로 틀어막 으며 연습한 문장을 녹음하고 카페에 올리면서 사는 재미를 느꼈 다. 사실 나 외에 다른 사람들은 내가 녹음한 것을 열심히 귀 기울 여 듣지도 않았지만, 나는 최대한 완벽한 과제 제출을 하고 싶었다. 녹음을 하고 또 하고, 들어 보고 다시 하는 짓(?)을 한참을 하고 나서 야 만족감을 느꼈다. 그렇게 과제를 올리고 나서 겨우 잠을 청했다.

그때 그저 내가 좋아서 열심히 한 스터디가 지금의 나를 만들 어 주었다. 나는 어린이 중국어 강의를 시작한 지 1년도 채 안 되었 을 때 강사양성교육기관의 강사로 뽑히게 되었다. 처음 계약할 당시 교육원에서는 내가 정규과정 강의를 잘하면 몇 달 후 특강을 맡길 수도 있다고 했었다. 그런데 두 번째 정규 강의가 끝나자마자 나에 게 '국내외 유명 동화책을 활용한 중국어 수업 요령' 특강 요청을 했다. 이미 현장에서 수업을 하고 있는 중국어 선생님들에게 내가 동화책을 가지고 어떻게 수업을 진행하는지, 워크북은 어떻게 만들 고 활용하는지, 게임과 교구는 어떻게 효과적으로 사용하는지를 교육하는 종합선물세트 같은 특강이었다.

## 스터디를 할 때 유의할 점들

스터디는 잘만 참여하면 그 효과가 생각보다 훨씬 크다. 하지만 유의해야 할 점이 몇 가지 있다. 의지가 약한 사람들로만 인원이 꾸려지면 중도에 흐지부지해지다가 공중 분해될 가능성이 높다. 나는 스터디에 참여하면 주로 조장을 맡았다. 나서는 것이 좋아서나 시간이 많아서가 아니었다. 스터디원의 참여를 독려하면서 나 스스로에게 큰 동기부여가 되었기 때문이다. 조장부터 과제를 제대로 해야 다른 사람들을 체크할 명분이 생기기 때문에 그 책임감이 스스로를 느슨해지지 않도록 다잡아 주었다.

또 공부를 위한 스터디가 친목 모임이 되지 않게 주의해야 한다. 역시 함께 참여하는 사람들의 의지와 노력을 요한다. 적당히 가까워지면 서로 모르는 부분도 자주 묻고 대답해 주면서 도움을 줄 수 있지만, 자칫 원래의 목적이 아닌 사적인 만남이 잦아질 수 있어서 조심해야 한다. 그래서 나는 오프라인 스터디보다는 온라인에서만 진행되는 스터디를 더 선호한다.

스터디에는 명확한 규칙이 있어야 한다. 과제 지각 제출은 두 번까지만 허용되고 세 번째부터는 참여를 배제시킨다거나 결석 제출은 한 번도 허용하지 않는다는 등의 규칙이다. 아니면 시작할 때 일정 금액을 건 다음, 끝까지 잘 참여한 사람에게만 돈을 돌려주고 규칙을 어기는 사람들은 패널티를 적용해 돌려주지 않는다는 규정을 정해도 좋다.

그리고 같이 스터디를 진행하는데 자꾸 껄끄러운 문제를 만든다거나 사기를 저하시키는 사람이 있다면 그 스터디는 미련 없이 그만두면 된다. 스터디는 자발적인 참여로 이루어지는 것이기 때문에 그것으로 인해 큰 스트레스를 받는다면 주객이 전도되는 것이다. 스터디에 참여하는 시간만큼은 최선을 다해서 내가 얻어낼 것들을 취하면 된다. 중간에 스터디가 폭파된다 하더라도 그동안 열심히 공부한 것은 내 것이 되기 때문에 전혀 신경 쓸 필요가 없다. 요즘처럼 공부든 취미 활동이든 맘만 먹으면 하기 쉬운 시대가 또 있을까? 각종 동호회, 스터디를 적극 활용하면 더욱 풍성한 수확을 얻을 수 있다.

# 나만의 중국 노래
# 18번을 찾아라

## 노래를 통해 거부감 없이 다가갈 수 있다

몇 달 전 초등학교 2학년 여자아이의 어머님이 상담 전화를 주셨다. 중국어를 배운 적은 없는데 아이가 중국어에 굉장한 관심을 보이고 노래도 완벽하게 따라 부른다며, 이제 제대로 배우고 싶어 한다고 하셨다. 나는 아이가 중국어 동요를 좋아하겠거니 짐작하고 방문 일정을 잡았다. 며칠 뒤 아주 귀여운 여자아이가 엄마와 함께 방문을 했다. 처음에는 조금 수줍은 듯 얌전히 앉아있었다.

"○○야, 무슨 중국어 노래를 부를 줄 알아?"

"'고양이 울음소리를 따라 해 보자'요."

"오, 그런 노래가 있니? 지금 불러 줄 수 있어?"

"네, 음악 틀어놓고 같이 불러도 되죠? 제 전화기에 노래가 있거든요."

"그럼! 준비되면 시작해 줘."

그렇게 시작한 노래는 의외로 빠른 템포의 중국 가요였다. '고양이 소리를 따라 해 보자'라는 제목답게 노래가 정말 귀엽고 깜찍했다. 중국어를 아예 배운 적이 없다는 사실이 믿을 수가 없었다. 처음부터 끝까지 완벽하게, 토씨 하나 틀리지 않고 이 빠른 노래를 불렀다. 무슨 뜻인지도 몰랐을 이 중국 노래를 수천, 수만 번을 듣고 따라 불렀을 열정에 감탄해 손바닥이 빨개지도록 물개박수를 쳤다.

알고 보니 이 노래는 '틱톡'이라는 동영상 재생, 편집 어플의 광고 노래였다. 우리나라에서도 엄청난 유행을 하고 있었다. 한국어로, 일본어, 영어, 베트남어로 번안된 노래가 온라인에서 울려 퍼지고 있었던 것이다.

그날 바로 첫 수업을 시작했다. 아무것도 모른다는 이 아이는 '니하오' 발음부터 완전 중국인이었다. 중국어의 성조, 말의 높낮이도 내가 시범을 보이는 그대로 정확하게 따라서 발화했다. 수없이 노래를 듣고 따라 하면서 듣는 귀가 발달한 것은 물론 소리 내어 발화하는 데 조금의 거부감이나 어려움이 없게 된 것이었다.

수업 내내 감탄과 칭찬이 쏟아졌다. 다른 또래 친구들은 이미 진도가 조금 나간 상태이니 당분간은 1:1로 진행을 하다가 다른 반에 합류하기로 했다. 처음에는 아무리 빨라도 4~5주는 혼자 수업을 받을 것이라 예상했다. 그런데 3주 만에 기존 반에 들어갔다. 그리고 또 2주 만에 그 위 단계로 올라갔다.

이 친구 덕분에 내가 가르치는 초등학생들 사이에서 중국어 노래 부르기 열풍이 번졌다. '고양이 소리를 따라 해 보자'는 박자가 워낙 빠르고 어려워서 아직 잘 못 부르는 아이들이 있었다. 그래서 나는 말레이시아 가수 조이추의 '보고 싶어'라는 노래를 들려주었다. 쉽고 간결한 문장이 반복적으로 나와 중독성이 강하면서 아주 귀여운 노래다.

아이들은 몇 번 듣지도 않았는데 바로 따라 불렀다. 그러면서 가사의 뜻도 궁금해하고 노래 안에 있는 표현들을 먼저 가르쳐 달라고도 했다. 나는 가사를 병음과 한글로 프린트해 나눠 주었다. 나는 이 발랄하고 에너지 넘치는 친구들이 부르는 '보고 싶어' 커버곡을 제작해서 유튜브에 올리기 위해 틈틈이 아이들을 촬영하고 있다.

## 가사가 아름다운 중국 노래들

내가 처음 중국어를 배울 때 들었던 중국 노래들은 주로 등려군의 '첨밀밀(甛蜜蜜)'이나 '월량대표아적심(月亮代表我的心)' 같은 소위 중국어 고전(?) 가요들이었다. 등려군은 1970~1980년대에 중국, 대만, 홍콩에서 큰 인기를 끌었던 대표적인 가수다. 다음은 '월량대표아적심'의 가사 일부다.

"당신은 나에게 당신을 얼마나 많이 사랑하는지 물었죠. 얼마나 많이 사랑하는지. 내 마음은 진짜예요. 내 사랑도 진짜예요. 달이 나의 마음을 표현하고 있죠."

나는 중국에서 공부하던 2003~2004년도에 홍콩 가수 진혁신의 '십 년(十年)'이라는 발라드 노래에 완전히 꽂혔다. 어느 날 우연히 길을 걷다가 미용실에서 이 노래를 틀어놓은 걸 듣게 되었다. 가만히 서서 듣는데 멜로디도 좋고 얼핏 들리는 가사도 너무 좋았다.

"십 년 전에 난 널 몰랐고 너도 나의 사람이 아니었지. 우리는 똑같이 서로 옆에 모르는 사람과 함께 익숙한 길을 걸어갔지. 십 년 후 우리는 친구이고 여전히 안부는 물을 수 있는 정도이지만 그건 단지 그런 친절일 뿐, 더 이상 포용할 이유도 찾을 수 없어.
연인은 마지막엔 친구 사이가 되어버리는 것을 피할 수가 없어. 줄곧 너와 오랜 친구 사이였지만 비로소 내 눈물의 의미를 알게 되었지. 너를 위해서가 아닌 다른 사람을 위한 눈물이라는 것을."

사실 그 가사가 의미하는 진짜 스토리가 무엇인지도 모르지만 나는 듣고, 듣고, 또 들었다. 그때 당시 한국에 있는 남자 친구와 사이도 멀어지고 나름 뒤늦은 사춘기를 보내고 있을 때라 더 감성이 폭발했는지 모르겠다. 노래를 듣다가 못 알아듣는 단어는 사전을 찾고 암기했다. 다 외웠다 싶은 소절은 여러 번 불러보면서 완전히 내 노래로 만들었다. 요즘 유행하는 음악 스타일은 아니지만 지금 들어도 여전히 세련되었다. 나는 그 노래를 들으면 중국에 있을 때의 감정이 생각하고 괜히 센치해진다. 유튜브에서 진혁신의 '십 년'을 검색하면 중국 사람들이 이렇게 달아놓은 댓글들이 보인다.

"2019년에 아직도 듣고 있는 사람 손 들어봐요."
"10년 전에는 당신의 노래를 주의 깊게 듣지 않았는데, 저 지금 왜 매일 이 노래를 듣고 있는 거죠?"

나는 주화건의 '친구(朋友)'도 자주 불렀다. 중국에 간 지 얼마 안 되었을 때 당시 최고의 한류스타 안재욱 씨도 이 노래의 한국어 버전을 발표했다.

"혼자서 몇 년간 비바람 겪고 눈물도 흘렸고 실수도 저질렀지만, 그럼에도 변함없이 기억하고 있는 것이 무엇일까. 진심으로 사랑을 해 보고 나서야 이해할 수 있었어. 외로울 수도 그리워할 수도 있지만 내 마음속 깊은 곳에 결국엔 꿈이 있고 결국엔 네가 있다는 것을.
친구여! 일생을 함께 하자꾸나. 그날들이 다시는 올 수 없겠지만, 이 한마디 말은 평생 남을 테고 그때 우리의 정은 술 한 잔에

녹아들겠지."

나와 중국 친구들은 노래방에 가면 피날레 곡으로 안재욱의 '친구'와 주화건의 '친구'를 꼭 불렀다. 땀을 비 오듯 흘리면서 신나게 노래 부르고 춤추다가 마지막에는 꼭 이 노래로 눈물범벅이 되었다. 엉엉 울다가 노래방 문을 열고 밖으로 나오면 서로 그렇게 민망할 수가 없었다.

## 음악을 통해 중국을 만나 보자

요즘 중국에서 최고 인기를 끌고 있는 노래들을 알고 있는가? 나는 가끔 'QQ음악'이라는 어플에서 요즘 가장 유행하는 중국 음악을 들어본다. 옛날에는 대중음악을 잘 모르는 내가 들어도 중국 가수들이 랩을 참 못한다고 생각했었다. 그런데 최근에는 정말 확 달라졌다. 발라드는 발라드대로 달달하고 감성이 폭발한다. 하나같이 세련되고 예쁘고 감성적이다.

2017년 말에 방영되어 큰 인기를 끌었던 드라마 〈치아문단순적소미호(致我们单纯的小美好)〉의 OST는 유튜브에서 조회 수가 폭발했다. 중국 노래 1시간 연속 듣기뿐만 아니라 중국어 병음과 한국어 발음까지 표기해 알려 주는 영상도 많다. 2~3년 전 최고의 인기를 누렸던 3인조 아이돌 TFBOYS의 댄스음악 '청춘수련수첩(青春修炼手册)'도 들어보길 권한다. 귀여운 남학생(?) 세 명이 꿈과 희망을 노래

하는 밝고 경쾌하면서 건전한 곡이다. VAVA라는 여성 래퍼의 힙합 곡 '아적신의(我的新衣; 나의 새 옷)'의 뮤직비디오도 감상해 보자. 중국의 전통 오페라인 경극의 멜로디와 힙합을 정말 멋지게 합쳐 놓았다. 뮤직비디오에 경극 배우들이 등장하는데 전혀 고루하지 않다. 경극 복장을 입은 채 속사포 랩을 내뱉으며 곡의 제목인 '나의 새 옷'을 외치는 젊은 중국 여성에게서 힙합의 멋이 폭발한다.

중국어를 배우고 있다면 당신만의 중국어 노래 18번을 찾아라. 이런 저런 장르의 노래를 들어보고 꽂히는 한 곡을 정해 보자. 단어 하나하나 분해도 해 보고 따라 불러 보면서 완전히 내 것으로 만들어 보길 바란다. 중국의 음악을 통해 단편적인 중국, 책 속에 묻혀 있는 중국이 아닌 진짜 살아 숨 쉬는 오늘날의 중국을 만나길 바란다.

# 덕질하는 분야의
# 중국어 콘텐츠를 찾아라

## 덕질은 열정과 흥미를 불러온다

언제부턴가 '덕질'이라는 단어가 많이 쓰이기 시작했다. '덕질'은 '덕후'라는 말에서 파생되었다. '덕후'란 일본어의 오타쿠(御宅)를 한국식으로 발음한 '오덕후'의 준말이다. 오타쿠는 원래 어느 것에 대해 이상할 정도로 열중하며 집착하는 사람을 뜻한다. 요즘에는 한 분야에 몰두해 마니아 이상의 열정과 흥미를 가지고 있는 사람이라는 긍정적인 의미로도 쓰인다. 자신이 좋아하는 분야에 심취해 그와 관련된 것들을 모으거나 찾아보는 행위가 바로 '덕질'이다.

나는 몇 년 전 이민호라는 배우에 완전 빠져서 소위 '덕질'이라는 것을 잠시 해 보았다. H.O.T.와 젝스키스가 엄청난 인기를 끌었던 중·고등학교 시절에도 나는 아이돌을 좋아하지 않았다. 평생 연예인에 별 관심이 없었다. 그러다 서른 살에 늦바람이 불었다.

〈개인의 취향〉이라는 드라마를 보다 그만 배우 이민호의 팬이 된 것이다. 그보다 전에 〈꽃보다 남자〉라는 드라마로 이민호가 스타가 되었을 때만 해도 관심이 전혀 없었는데, 시청률도 별로 나오지 않은 비인기 드라마 〈개인의 취향〉 1회를 보자마자 그의 매력에 퐁당 빠져 버렸다.

이민호를 너무 좋아하게 된 나는 살면서 처음이자 마지막으로 팬미팅 현장에 가보았다. 다행히 그날은 일본 비행에서 아침 일찍 도착하는 날이었다. 어쩜 날짜와 시간도 이렇게 딱 맞는지. 혹시나 스케줄이 바뀌어서 팬미팅에 못 갈까 봐 노심초사하며 그날만을 손꼽아 기다렸다. 비행에서 돌아오자마자 옷을 갈아입고 일찌감치 팬미팅 장소인 경희대학교로 향했다. 우리나라 팬들뿐만 아니라 일본, 중국, 동남아에서 온 여성 팬들로 이미 운동장에 긴 입장 줄이 늘어서 있었다. 각 방송국의 카메라 수십 대가 촬영을 하고 있었다.

나는 왠지 화면에 잡히는 게 부끄러워서 선글라스를 꺼내 쓰고는 분위기를 살폈다. 다행히 나보다 훨씬 나이가 많아 보이는 팬들도 눈에 띄었다. 쑥스러움이 안도감으로 바뀌면서 마구 흥분되었다. 공연장에 들어가니 나의 대배우 이민호는 저 멀리 아주 조그맣게 보였다. 무대 옆 큰 화면으로 봐야 겨우 얼굴이 자세히 보였다. 그래도 어찌나 떨리고 재미나던지! 혼자 놀기의 진수를 제대로 맛

보고 돌아왔다.

나는 이민호 덕분에 그 이후로도 1년 가까이 아주 살맛나게 지냈다. 비행을 마치고 호텔에 가면, 제일 먼저 팬카페를 뒤졌다. 그의 새로운 사진을 하나라도 놓칠 새라 꼼꼼하게 찾아다니며 행복을 느꼈다. 일명 '굿즈'라고 하는 인형도 사고 감독판 미공개 DVD, 브로마이드까지 샀다. 실제 연기자들이 촬영 내내 들고 다니며 읽고 외우고 연습했다는 배우용 대본까지 사 읽었다. 나중에는 중국, 대만 포털 사이트에 들어가서 그의 해외활동 소식과 중국 팬들의 반응까지 살폈다. 중국 팬이 써놓은 극찬 글을 발견하면 그 밑에 댓글도 달았다.

"안녕. 나는 한국인 팬이야. 우리 이민호 대배우를 좋아해 줘서 고마워."

지금 생각해 보면 나이 서른에 무슨 일이었나 싶다. 그래도 살면서 한 번쯤 연예인 덕질도 해 봤으니 꽤 재미난 추억으로 남겨 두고 있다.

## 푹 빠질수록 습득력도 높아진다

내가 창춘에 있을 때 〈황제의 딸〉이라는 드라마가 엄청난 인기였다. 〈황제의 딸〉은 청나라 시대 황실을 배경으로 한 사극으로, 2000년대 초반 중국 대륙은 물론 홍콩과 대만 전역에서 전무후무한 인기를 끌었고 우리나라에서도 그 인기가 엄청났다. 그때 주인공이었던 조미, 임심여, 소유붕은 대스타가 되었다. 지금은 최고의 스타가 된 판빙빙은 그 당시 〈황제의 딸〉에 조연으로 출연했었다.

나는 사극을 별로 좋아하지 않아서 그 드라마를 시청하지 않았다. 당시 나와 친하게 지내던 한 친구는 〈황제의 딸〉의 광팬이었다. 매일 지겹도록 〈황제의 딸〉을 시청하고 주제곡을 우렁차게 불러댔다.

"你是风儿, 我是沙(니슬펑얼, 워슬샤)."

한 번도 보지 않은 그 드라마의 주제곡을 나까지 따라 부를 수 있을 정도였다. 내 친구는 드라마를 사랑하는 마음의 크기만큼이나 중국어를 습득하는 속도도 무척 빨랐다. 중국인 친구와 만나면 꼭 〈황제의 딸〉 이야기를 빼놓지 않고 했다. 그럴 때마다 말하는 속도는 또 어찌나 빠르던지. 내가 도저히 알아듣기 어려운 사극 용어와 대사까지 똑같이 따라 하며 낄낄거렸다. 사극이지만 코미디 요소가 강해서 엄청 재미있다고 했다.

최근 중국 드라마는 훨씬 더 재미있어졌다. 중국어를 배우지 않는 사람들 중에도 중국 드라마를 즐겨보는 '중드 마니아'가 부쩍 많아졌다. 내 스타일의 드라마나 영화가 있는지 가벼운 마음으로 훑어보다 보면 맘에 쏙 드는 작품이 나타날 수 있다. 완전 꽂히는 캐릭터나 배우가 등장할 수도 있다. 〈황제의 딸〉에 푹 빠졌던 내 친구는 변발한 중국 남자에게 반할 줄 상상도 못했다며 막 웃었다. 그 드라마 속 남자 주인공 청나라 왕자님들은 모두 변발머리였다.

## 덕질하며 공부할 수 있는 것은 축복이다

나는 최근에 알라딘 영화를 무척 재미있게 보았다.

"I can show you the world. Shining, shimmering, splendid~."

초등학교 6학년 때 부모님과 함께 보았던 그 감동적인 스토리를 이제 초등학교에 들어간 내 아이들과 다시 본 것이다. 게다가 2019년 버전으로 더욱 업그레이드된 알라딘을 다시 만나니 무척 감격스러웠다.

나는 알라딘이 중국에서도 동시 개봉했을지, 중국 사람들 반응은 어떨지 궁금했다. 유튜브와 중국 포털 사이트 바이두에서 '알라딘 중국어 OST'를 검색해 주제곡을 중국어 버전으로 감상했다. 찾다 보니 연기 천재 윌 스미스가 연기한 '지니'의 일본어 더빙 노래까지 나왔다. 나는 단숨에 한국어, 중국어, 일본어 버전까지 감상했다.

중국 인스타그램인 샤오홍슈(小红书)라는 앱이 있다. 나는 이 어플에 들어가서 알라딘을 검색해 보았다. 주인공 여배우의 가창력과 외모에 대한 극찬, 감상 후기가 줄줄이 검색되어 나왔다. '모리 공주[자스민 꽃을 뜻하는 중국어가 모리화(茉莉花)여서 중국어 더빙판에서는 자스민을 모리 공주(茉莉公主)라고 함] 스타일 화장법 따라 하기'도 나왔다. 우리나라에서 뷰티 유튜버들은 이미 엄청난 인기를 끌고 연예인 못지않은 인지도를 쌓고 있는데, 중국도 역시 마찬가지인 것이 실감났다.

지니의 요술램프 모양 액세서리를 파는 판매자도 있고 모리 공주 스타일 여성의류 판매숍도 나온다. 유명 화장품 브랜드에서 출시한 '알라딘'이라는 이름의 립 제품도 엄청 잘 팔리고 있었다.

축구 광팬이라면 바로 유튜브에서 '손흥민 중국 반응'을 검색해 보자. 손흥민 선수가 넣은 골에 대한 중국 중계방송의 반응은 어떨까? 만약 아무것도 안 들릴 것 같다면 미리 축구 용어를 찾아 익혀놓고 방송을 들어보는 것도 좋다. '2대2'라고 할 때의 그 '대'는 뭐라고 하는지, 공이 골문에 들어갔을 때 "슛, 골인!"은 뭐라고 하는지 궁금하지 않은가? 중국인 해설자는 뭐라고 우리 자랑스러운 손흥민 선수를 칭찬하는지 최대한 귀 기울여 들어 보자.

책으로만 하는 공부는 죽은 공부다. 지금 우리는 인터넷을 통해 뭐든 쉽게 접할 수 있는 시대에 살고 있다. 머릿속에 어떤 궁금증이 생기면 바로 스마트폰을 꺼내서 관련 영상과 자료들을 찾을 수 있다. 분야를 가리지 않고 내가 좋아하는, 소위 '덕질'하는 것들을 중국어로 즐길 수 있다. 마음만 먹으면 무엇이든 쉽게 접하고 즐길 수 있는 이 축복받은 시대에 덕질하며 공부까지 할 수 있으니 얼마나 좋은가.

# 우아하게 중국어로
# 수다 떠는 방법

## 강연을 통해 중국의 철학을 만나 보자

내가 좋아하는 중국 티비 프로그램이 있다. 〈开讲啦!〉으로, '강연합니다!'라는 뜻의 중국 최초 청년 TV 공개수업이다. 2012년에 시작되어 지금까지 매회 중국 청년들의 롤 모델이 한 명씩 나와서 자신의 살아온 이야기를 들려준다. 강연을 듣는 청중들은 질문을 하고 주인공은 솔직하게 대답해 준다. 자신이 살아온 이야기, 삶을 대하는 태도, 깨달음과 철학을 진지하면서도 아주 재미있게 공유한다. 나는 〈开讲啦!〉의 분위기를 정말 좋아한다.

〈开讲啦!〉에서 강연을 하는 사람들은 학자, 기업가, 법관, 의사, 스포츠 스타 등 분야의 경계가 없다. 각계의 저명한 인사뿐만 아니라 웬만한 유명 가수, 배우들은 다 한 번씩 출연했다. 성룡, 주윤발,

유덕화, 주걸륜 등 누구나 다 아는 레전드 스타부터 이제 막 유명해지기 시작한 청춘스타들도 출연했다. 심지어 영국의 세계적인 축구 선수 데이비드 베컴, 미국의 농구 황제 코비 브라이언트도 〈开讲啦!〉에서 중국 관중을 상대로 강연했다. 그중에서도 내가 가장 인상 깊게 본 강연자를 꼽으라면 단연 주윤발이라고 하겠다.

초등학교 3학년 때 내 별명은 주윤발이었다. 이유는 단순했다. 내 이름이 강윤주였기 때문이다. 이름을 거꾸로 한 '주윤'에다가 '발'을 붙여서 불렀다. 그때 당시 〈영웅본색〉의 인기가 워낙 높아서 어린 우리들도 다 주윤발을 알 정도였다. 어린 내 눈에 비친 주윤발의 모습은 너무나 불량스러웠다. 시꺼먼 안경을 쓰고 대포 같은 총을 옆에 끼고 있는 무서운 아저씨였다. 나더러 자꾸 주윤발이라고 부르는 남자 애들 때문에 화가 났다. 물론 크면서 주윤발이 엄청난 스타라는 것을 알게 되었다. 하지만 그것은 그저 하나의 팩트일 뿐 나에겐 아무 느낌도 없었다.

그러다가 2014년에 주윤발이 출연한 〈开讲啦!〉을 보게 되었다. 그는 더 이상 과거의 흐릿한 기억 속 젊고 껄렁한 아저씨가 아니었다. 중후하게 나이 들어가는 그의 모습이 오히려 더 멋져 보였다. 그날 강연을 듣는 관중들은 영화 제작, 기술을 배우는 대학생들이었다. 그는 관중들에게 이렇게 말했다.

"发挥你的想象力, 什么都可以实现(상상하는 능력만 있으면 당신은 무엇이든 할 수 있습니다)."

한 관객이 이렇게 물었다.

"우리 젊은이들이 성공하려면 근면함(勤奮)이 중요한가요, 타고난 것(天分)이 더 중요한가요?"

주윤발이 대답했다.

"请份(EQ)."

근면을 뜻하는 勤奮은 그 발음이 '친펀', 타고난 것이라는 뜻의 天分은 '톈펀'이라고 발음한다. 주윤발은 '친펀'과 '톈펀' 둘 중 하나의 답을 원하는 젊은이에게 또 다른 '펀'인 '칭펀', 즉 사랑의 마음인 'EQ'라고 대답한 것이다.

"사랑의 마음이 없으면 아무리 IQ가 높고 성공한다고 해도 소용이 없어요. 자신보다 낮은 사람을 내려다 볼 줄 아는 마음이 없고 거만해집니다. 꼭 기억하세요."

가난하고 힘든 어린 시절을 보내고 지금은 엄청난 부와 명예, 성공을 거둔 대스타는 겸손하면서도 자신감 넘치는 모습이었다. 그는 또 이렇게 말했다.

"做公众人物要换位思考, 谦恭和热爱观众是公众人物的基本素养(공인은 입장을 바꿔서 생각할 줄 알아야 합니다. 겸손함과 대중을 사랑하는 마음이 공인이 갖추어야 할 기본 소양입니다)."

한 시간 가까운 강연 내내 주윤발은 강단이 있으면서도 사람 좋은 웃음을 지었다. 질문을 던지는 젊은 관중들에게 마음을 꾹꾹

담아 조언해 주는 주윤발의 진심이 느껴졌다. 나는 그를 존경하게 됐다.

나는 주윤발이라는 대스타와 직접 대화를 나눠 보지는 못했지만 강연을 통해 그의 철학을 전해 듣고 크게 감동받았다. 내가 하고 싶은 질문은 나를 대신해 중국의 젊은이들이 해 주었다. 나는 주윤발과 깊은 대화를 나눈 것이다.

몇 개월 전 인터넷을 통해 주윤발에 관한 기사를 보았다.

"주윤발, 전 재산 약 8,096억 원 자선단체에 기부하겠다고 밝혀"

나는 그리 놀라지 않았다. 어쩌면 당연하다고 생각될 만큼.


## 중국어를 몰랐다면 느끼지 못했을 감정들

항공사에서 근무할 때 한 일등석 승객과 비행 내내 수다를 떤 적이 있다. 그 승객은 중국인이었는데 그날 일등석에 다른 승객은 없었다.

"안녕하십니까? 오늘 손님을 모시게 되어서 영광입니다. 편안하게 모시겠습니다."

그녀는 중국어로 응대하는 나를 보고 무척 반가워하며 이렇게 말했다.

"오늘 중국어가 통하는 한국 승무원을 만날 줄은 생각도 못했네요. 어디서 중국어를 배웠죠?"

"한국에서도 배우다가 중국 창춘에 가서 본격적으로 공부했습니다. 창춘은 저한테는 제2의 고향이에요. 그리고 마카오에서도 생활했습니다. 마카오항공에서 비행 근무를 했거든요."

"호오, 그래요? 창춘이랑 마카오는 너무 먼데요."

"네, 창춘과 마카오는 서로 닮은 점이 거의 없더라고요. 그래도 두 곳 다 저에게는 애정이 아주 각별한 도시입니다."

"와, 어쩜 이렇게 말을 잘해요? 대단해요! 방금 베이징에서 오면서 식사도 다 했고 원래 장거리 비행할 때 잘 안 먹거든요. 나 먹는 건 신경 쓰지 말고 가끔 이야기나 좀 할래요?"

실제로 승객은 종종 녹차만 마시고 식사를 하지 않았다. 계속 책을 읽거나 서류를 꺼내서 뭔가를 정리했다. 나는 혹시나 필요하신 게 있나 하고 살짝 커튼 사이로 내다보았다. 그러다 눈이 마주치면 웃으면서 나를 불렀다.

"비행하는 거 힘들지는 않아요?"

"괜찮습니다. 힘들 때도 있지만 재미있어요. 배우는 점도 많고요."

"그래요? 예쁘고 날씬한데 말도 어쩜 이렇게 예쁘게 해요."

그녀는 민망할 정도로 계속 칭찬을 해 주었다.

"나는 앉아 있고 승무원은 서 있으니까 대화하기도 힘들죠. 내가 잠깐 그쪽으로 가야겠어요. 마침 스트레칭도 좀 하고."

그렇게 나와 승객은 수시로 오순도순 이야기를 나누며 지루한

밤샘 비행을 버텼다. 가끔은 무례한 승객들 때문에 마음이 상할 때도 있었지만 나는 대체로 승객과 가까이 소통하는 것을 좋아했다. 연세가 지긋한 그녀는 마치 딸에게 이야기하듯 이런저런 이야기들을 들려주었다. 본인이 젊을 때 고향을 떠나 베이징에서 고생 끝에 성공한 이야기, 미국에서 다시 도전하고 있는 사업 이야기, 한국에서 여행했을 때 느꼈던 솔직한 생각들….

그녀는 비행기에서 내리기 전 작별 인사를 할 때에도 나에게 이렇게 덕담해 주었다.

"시간은 금이에요. 젊은 시절 지나고 보니 정말 더 그래요. 당신도 지금 젊을 때 자신을 사랑하면서 재미있게 사세요. 다른 사람하고 비교하지도 말고요. 금 같은 시간을 소중히 하면서 열심히 살아요. 중국으로 돌아갈 때 또 만날 수 있으면 참 좋겠네요. 덕분에 편안하게 잘 왔습니다. 정말 감사해요."

나는 서비스에 꼭 필요한 대화만 오갔다면 절대 알 수 없었을 그 승객의 속 깊은 이야기를 중국어로 알아들을 수 있어서 행복했다. 언제 다시 만날지 모르지만 그녀도 나도 비행기를 탈 때 가끔은 서로를 떠올릴 수 있을 거라 생각하니 미소가 지어졌다. 나는 성공한 중국인 승객과 속 깊은 이야기를 주고받으며 좋은 기운을 얻었다. 그리고 내가 하는 일에 대한 자부심도 느꼈다.

# 즐기다 보면
# 어느새 고수가 된다

## 드라마로 중국어 공부해 보자

요즘 우리나라 시청자들 사이에서 인기가 많은 중국 드라마 몇 편을 소개한다. 2019년 6월 25일 현재 네이버 기준 중국 드라마 일간 검색어 순위와 설명이다.

1위 〈지부지부응시녹비홍수(知否知否应是绿肥红瘦)〉

북송 관리 성씨 가문의 여섯 번째 딸 성명란의 성장과 애정, 혼인 이야기

2위 〈의천도룡기(倚天屠龙记) 2019〉

손에 쥔 자는 천하를 호령할 수 있다는 세기의 검 '의천검'과 '도룡도'를 둘러싼 이야기

3위 〈치아문난난적소시광(致我们暖暖的小时光)〉

대학 졸업을 앞둔 취업준비생 쓰투모가 엄마 친구의 집에서 세 들어 살게 되고, 그 집 아들인 구웨이이와 엮이면서 일어나는 이야기를 그린 드라마

4위 〈소녀화불기(小女花不弃)〉

성녀인 화불기가 유일하게 보물이 있는 중요한 장소를 열 수 있는 사람이라는 전언으로 인해 수많은 세력들이 그녀를 손에 넣기 위해 탐내는 이야기

5위 〈치아문단순적소미호(致我们单纯的小美好)〉

여고생 천샤오시가 19년간 같은 아파트에서 살아온 친구 창천을 짝사랑하게 되면서 벌어지는 젊고 풋풋한 청춘들의 사랑 이야기

6위 〈동궁(东宫)〉

얽히고설킨, 두 가문 남녀의 애절한 사랑 이야기

7위 〈아! 아적황제폐하(哦! 我的皇帝陛下)〉

주인공이 황도국으로 타임 슬립하면서 벌어지는 이야기

8위 〈아지희환니(我只喜欢你)〉

함께 성장하고 처음 그대로 깊이 사랑하는 두 남녀의 이야기

9위 〈맹비가도(萌妃驾到)〉

천방지축 맹비의 유쾌 발랄 궁중 생존기

10위 〈유성화원(流星花园) 2018〉

대만판 〈꽃보다 남자〉의 리메이크작으로 가난한 가정의 소녀가

최고의 부자들만 입학하는 귀족학교에 들어가 꽃미남 4인방을 만나며 벌어지는 이야기

　드라마를 좋아하는 사람이라면 이 중에서 가장 마음에 드는 것을 하나 골라 즐겨 보길 바란다. 나는 사극보다는 현대극을 선호한다. 특히 청춘들의 사랑 이야기인 〈치아문단순적소미호〉를 좋아해서 스크립트를 다운받아 여러 번 읽기도 했다. B급 감성에 개그 콘서트보다 더 웃긴 사극을 보고 싶다면 〈맹비가도〉를 추천한다. 인기 있는 중국 드라마들은 유튜브에 구문별 반복 학습, 전체 해석, 단어 설명, OST 등 드라마 한 편으로 공부할 수 있는 콘텐츠들이 엄청 많다.

## 힘들고 어려워도 노력하면 결과가 손에 잡힌다

　내가 중국에 간 지 겨우 한 달이 되었을 때였다. 어느 날 학교 선배로부터 한 통의 이메일을 받았다. 한국에 있는 비즈니스 월간지에서 창춘 지역 학생 통신원을 찾고 있다며, 기자를 소개시켜 주겠다는 것이었다. 베이징, 선전 등 대도시에는 이미 유학생 통신원이 있는데 이번에 창춘에서도 통신원을 찾는다고 했다. 나는 중국어 실력이 부족해 번역이나 취재 같은 일은 못할 것 같다고 고사했다.

　"언니, 나 못할 거 같은데. 괜히 만날 필요가 있겠어요?"

　"일단은 만나 봐. 할 수 있을 것 같아서 그래. 그 기자님이 창춘

에서 대학 졸업했는데 나랑 엄청 친해. 내 가까운 후배라고 하니까 밥 사 주신다고 했어. 밥이라도 얻어먹고 와."

만나서 밥이라도 얻어먹으라는 선배의 이야기에 용기를 내 기자를 만났다가 얼떨결에 통신원 일을 시작하게 되었다.

먼저 지역 신문이나 인터넷을 뒤져 한국 독자에게 소개할 주제 거리를 찾아야 했다. 기사의 내용을 요약해 기자에게 보내고 오케이를 받으면 그것을 번역하는 일이었다. 처음에는 그 과정이 너무 힘들었다. 아무리 사전을 찾아도 이해가 되지 않는 문장들이 수두룩했다. 기숙사를 관리하는 직원을 붙잡고 간식을 사 주면서 물어보고 배우면서 이를 악물고 번역했다. 처음엔 죽을 것 같았던 일도 차츰 익숙해지고 무엇보다도 중국어 실력이 쑥쑥 향상되는 것이 눈으로 보였다.

처음엔 내 수준보다 높은 문장들과 씨름하는 일이 그저 의무였다. 그러니 힘들고 버거울 수밖에 없었다. 몇 번이나 그만두고 싶었다. 그런데 꾹 참고 해 내었더니 내 실력이 다른 친구들보다 월등히 올라가는 것이 보이기 시작했다. 새로운 주제를 찾아내고 원고라는 결과물로 나오는 그 과정이 재미있게 느껴졌다. 내가 열심히 고치고 쓴 글이 잡지에 실리고 그 밑에 내 이름이 달렸다.

처음에는 기사 번역만 했었는데 어느 날 '트렌드' 관련 글을 쓰라는 연락을 받았다. 내가 먼저 어떤 주제로 기사를 쓸지 중국의 문화 트렌드에 관한 소재를 정했다. 그것을 담당 기자에게 확인받은 다음 내가 직접 한국어로 원고를 쓰는 것이었다.

나는 직접 만든 설문 조사지로 조사도 해 보고, 전화번호를 뒤져 취재 요청 전화도 돌렸다. 중국의 밸런타인데이 풍경, 부동산 바람 등에 관한 글을 썼다. 제대로 된 우리말 글을 쓰기 위해 수많은 중국 자료와 신문 기사를 분석하고 해석했다.

한번은 중국 신문을 읽다가 유치원에 남자 선생님 채용 열풍이 불고 있다는 기사를 보았다. 나는 바로 이 내용을 잡지에 실어야겠다고 생각했다. 기자에게 물어보니 반응은 단번에 오케이였다.

나는 창춘에 있는 여러 유치원에 무작정 전화를 돌렸다. 남자 선생님이 있는지, 인터뷰가 가능한지 물어보았다. 그리고 직접 유치원을 방문해 인터뷰를 진행했다. 선생님과 아이들이 같이 야외 운동장에서 뛰어 노는 체육 수업 장면을 사진에 담았다. 선생님이 나를 불렀다.

"한국에서 저희를 취재하러 와 주셔서 감사합니다. 우리 예쁜 아이들이랑 같이 사진 한번 찍으시죠."

나는 선생님, 아이들과 함께 기념사진을 찍었다. 그날 찍은 사진들과 원고를 회사로 보내면서 내 사진도 같이 보냈다. 혹시나 하고 기대했는데 역시나 잡지에 내 사진이 같이 실렸다.

## 즐기다 보면 어느새 고수가 된다

처음에 힘들다고 바로 그만뒀으면 어쩔 뻔했을까? 중국 기사와 다양한 문장들을 읽고 해석하고 우리말로 바꾸는 과정을 즐겼더니 어느새 고수가 되었다. 나는 귀국 직전 중국어번역능력시험을 보기 위해 베이징행 기차에 몸을 실었다. 따로 어떻게 번역 공부를 해야 하는지 몰랐던 나는 평소의 연습량과 방법만 믿고 시험에 도전했다. 결과는 당연히 합격이었다.

영어든 중국어든 어느 언어를 배우더라도 꾸준히 즐기는 사람이 가장 잘 배운다. 또 즐기다 보면 어느새 고수가 되어 있는 자신을 발견하게 된다. 무슨 언어를 공부하든 짧은 시간에 바로 고수가 되는 지름길은 세상 어디에도 없다. 열심히 하는 것도 중요하지만 즐기는 사람을 당해낼 수 없다. 꾸준함을 친구 삼아 중국어 공부를 즐겨 보자. 달콤하고 특별한 결과는 반드시 따라온다.

# 영포자도
# 중국어
# 고수 되는
# 8가지 방법

# 발음과 성조,
# 단번에 완성하려 하지 마라

## 물론 성조는 매우 중요하다

"저는 대학교 때 중국어 배우다가 성조 때문에 C 받고 포기했어요."

얼마 전 컨설팅을 진행했던 주식 전문가의 말이다. 나는 그녀에게 기억나는 문장을 말해 보도록 했다.

"워 찐이쉐."

"오, 그래도 기억을 좀 하고 계시네요. 그런데 '찌아오'가 빠졌어요. '내 이름은 ○○○야.'라고 하실 때는 '찌아오'가 들어가야 하거든요. 찌아오↘, 찌아오↘ 성조로 찔↘러 주세요."

그녀는 몇 번 나를 따라 연습하더니 바로 이렇게 발음했다.

"워~ 찌아오↘ 찐→이→쉐↗. 와! 엄청 잘되는데요!"

중국어에는 '발음'과 '성조'라는 두 개의 큰 산봉우리가 있다. 많은 사람들이 초반에 이 발음과 성조의 문턱을 넘지 못하고 중국어 배우기를 포기한다.

중국어에는 음절 하나하나마다 높낮이의 변화가 있다. 중국어가 시끄럽게 들리는 것도 그 이유다. 1성, 2성, 3성, 4성 이렇게 네가지 소리의 높이, '4성(四声)'이 있다. 우리말로는 '안→녕→', '안╱녕→', '안╲녕╲' 등 어떻게 올라갔다 내려가도 모두 같은 뜻의 '안녕'이다. 하지만 중국어는 똑같은 '마[ma]' 소리가 나더라도 성조가 다르면 뜻이 완전히 달라진다. 중국어 배우기를 시도해 본 사람이라면 'ā á ǎ à' 또는 'mā má mǎ mà'를 외쳐 봤을 것이다.


1성 [mā]는 '엄마'라는 뜻의 글자 妈를 발음할 때 나는 소리다.

2성 [má]는 '삼베'라는 뜻의 글자 麻를 발음할 때 나는 소리다. 이 麻 자는 '다리가 저리다'라고 할 때의 '저리다'라는 뜻도 가지고 있다.

3성 [mǎ]는 동물 '말'이라는 뜻의 글자 马를 발음할 때 나는 소리다.

4성 [mà]는 '욕하다'라는 뜻의 글자 骂를 발음할 때 나는 소리다.


처음 성조를 배울 때 많이 접하는 문장이 있다.

> 妈妈骂马吗? [māma mà mǎ ma? (마→마 마↘ 마~마?)]
> "엄마가 말을 욕하나요?"

이렇게 '마'라는 하나의 음절만 가지고도 성조에 따라 완전히 다른 뜻의 단어가 만들어지니 성조가 중요하지 않을 수 없다.

## 노래로 성조를 익힐 수 있다

어떤 사람들은 중국어를 노래로 배우면 성조가 엉망이 된다고 한다. 당연히 '노래로만' 중국어를 배우면 엉망이 된다. 영어를 배울 때도 팝송은 수많은 공부 자료이자 방법 중 하나일 뿐이다. 당연히 팝송으로만 영어를 배울 수는 없지 않은가. 하물며 성조가 그렇게 중요하다는 중국어를 배우는데 노래로만 배울 수 없다. 하지만 노래를 적절히 활용하면 큰 도움이 된다. 심지어 성조도 노래로 배울 수 있다. 성조는 음의 높낮이인데 어떻게 노래로 성조를 배운다는 것일까?

일반적인 중국어 교재 안의 성조 설명을 한번 보자.

1성: 높고 평탄하게 음을 유지한다. '솔' 정도의 음으로 시작해 처음부터 끝까지 쭉 같은 음으로 길게 소리 낸다.
2성: 중간에서 급히 올라간다. '미' 정도의 음으로 시작해 고음으로 올려 준다.

3성: 중간에서 내렸다가 천천히 올라간다. 중간 정도 음에서 가
　　장 낮게 떨어졌다가 다시 높은 음으로 꺾이듯 소리 낸다.

4성: 위에서 아래로 급히 내려온다. 높은 음에서 낮은 음으로
　　툭 떨어뜨리듯이 소리 낸다.


어떻게 하는지 감이 잘 오는가? 이제 이 '사성'에 캐릭터를 부여
해 보자.

"1성은 '성악을 연습하는 아이'예요. 매일 소리를 지르네요. 아→."

"아→."

"'솔'이에요. 오늘 1성이 연습하는 음은 솔→, 솔→, 솔→. 아→,
아→, 아→."

"아→."

"2성은 궁금한 게 많은 호기심 덩어리예요. 아↗ 이것도 궁금하
고↗ 아↗ 저것도 궁금하네↗. 아↗, 아↗."

나는 일부러 "아↗, 아↗" 하면서 성조에 맞게 동작도 과장되게
표현한다. 이때 연기자가 되었다고 생각하면서 정말 궁금한 표정으
로 해 주면 어른이고 아이고 다들 좋아한다. 학생들도 망가지는 내
모습을 보면서 쑥스러움을 버리고 소리를 내게 된다.

"3성은 똑똑해요. 이걸 봐도 아~~~ 저걸 봐도 아~~~ 다 알아
요. 아~~~ 아~~~ 고개를 끄덕끄덕, 아~~~."

"4성은 엄살이 너무 심해요. 병원에 갔는데, 주사를 맞아야 한다네요. 아직 주사바늘이 들어가지도 않았는데! 아↘! 아↘! 아↘! 아야!"

나는 이렇게 캐릭터 설명을 하고 나서 바로 노래를 불러 준다.

"1성 1성 1성은 소리를 지르네, 아→. 2성 2성 2성은 맨날 궁금해, 아↗. 3성 3성 3성은 고개를 끄덕여, 아~~~. 4성이는 엄살쟁이야, 아↘!"(출처: 유튜브 〈구몬 중국어 성조송〉)

이 노래의 원곡을 들어 보면 솔직히 딱 내 맘에 들지는 않는다. 노래를 부르는 남성의 목소리나 성조 높이가 별로다. 중국어를 할 줄 모르는 사람이 불렀다는 느낌도 있다. 그래도 쉽게 머릿속에 성조를 각인시키는 데는 그만이다.

## 반복하고 또 반복하라

4성 외에 '경성'이라는 것이 하나 더 있다. 짧고 가볍게 톡 놓아주는 소리여서 경성(轻声)이라고 한다. 경성은 병음 위에 따로 표시하지 않는다. 첫 음절부터 경성으로 시작하는 단어는 없고 앞 음절에 1, 2, 3, 4성 중 어느 한 성조가 나오고 경성이 그 뒤에 따라온다. 앞 음절에 어떤 성조가 나오느냐에 따라 경성의 소리 위치는 달라진다. 그래서 경성이 딱 어느 음이라고 말할 수 없다. 마치 고무줄을 잡아 당겼다가 탁 놓았을 때의 느낌을 생각하면 좋다.

1, 2, 3, 4성을 하나하나 완벽하게 익히면 일단 첫 단추 끼우기

에 성공이다. 경성의 소리 높이가 앞 음절에 따라 어떻게 붙는지 감을 알게 되면 한 발 전진이다. 부끄러움을 극복하고 어린 아이처럼 1, 2, 3, 4성 높이에 맞춰서 고개를 끄덕이거나 체조를 할 수 있다면 더더욱 확실하게 성조를 체득할 수 있다.

그다음 연습할 것은 성조와 성조가 만났을 때, 즉 성조의 결합과 변화다.

| | |
|---|---|
| 1성 + 1, 2, 3, 4성 | 2성 + 1, 2, 3, 4성 |
| 3성 + 1, 2, 3, 4성 | 4성 + 1, 2, 3, 4성 |

그런데 이 성조의 결합과 변화는 단번에 그렇게 쉽게 완성할 수 없다.

3성이 연속으로 올 때 앞의 3성은 2성으로 바뀐다.

이런 설명을 백번 보고 듣는 것보다 직접 그것을 소리 내 보고 감을 익히는 것이 중요하다. 결코 한두 번에 끝낼 수 없다. 계속 반복하고 반복해야 한다. 새로 배우는 문장 속에서 이 '3성 + 3성'이

나올 때마다 그 느낌을 찾아가야 한다. '3성 + 2성' 역시 앞의 3성을 평소 발음하던 3성처럼 하면 굉장히 부자연스러움을 느끼게 될 것이다. 이때 소리의 위치가 또 다르기 때문이다.

발음도 마찬가지다. 우리말에는 없는 중국어 발음을, 혀를 말아 소리 내는 권설음을, 운모의 결합과 예외 사항을 백날 머리로 외우고 책을 들여다봤자 소용없다. 발음과 성조는 중국어 공부를 그만두지 않는 한 계속 올라가며 다져가야 할 산봉우리다. 정확한 발음, 성조를 갈고 닦을 수 있도록 잘 지도해 주는 코치, 선생님을 만나는 것이 그래서 중요하다.

# 의미 따지지 말고
# 소리 내어 낭독하는 훈련을 하라

## 일단 큰 소리로 낭독부터 하라

나는 무역학과 지역학을 통합한 국제통상학부에 입학을 했기 때문에 일본어나 중국어 둘 중 하나를 반드시 전공 언어로 선택해야 했다. 나는 두 언어가 다 처음이어서 그중 어느 언어가 나에게 맞을지 잘 몰랐다. 일본어와 중국어를 동시에 수강하기 시작했는데 곧바로 중국어와 사랑에 빠졌다. 마치 노래를 부르는 것 같은 중국어의 첫 느낌이 몹시 강렬했다.

당시 중국어 교수님은 열정이 넘치는 분이었다. 한국어엔 없는 성조와 어려운 발음을 쉽고 재미있게 훈련할 수 있도록 세심하게 지도해 주셨다. 심지어 학생들이 수시로 연구실에 와서 발음 교정을 받을 수 있도록 직접 스케줄을 짜고 불러내셨다. 단어의 뜻이나 문장 해석은 전혀 하지 않고 중국어 발음 표기인 병음만 보고 큰 소리로 낭독하는 연습을 했다. 낭독 훈련을 할 때 문장의 뜻은 크게 신경 쓰지 않는 것이 포인트였다. 일단은 무조건 병음만 보고 발음, 성조를 정확하게 내면서 큰 소리로 낭독하는 것이 가장 중요했다.

Wǒ lái jiè shào yí xià.
Wǒ jiào Mǎ lì.
Wǒ shì měi guó liú xué shēng.
Zhè shì Dà wèi.
Tā shì wǒ de hǎo péng you.
Tā shì fǎ guó rén.
Rèn shi dà jia hěn gāo xìng.

이렇게 병음으로만 쓰여 있는 문장을 보고 읽는 연습을 한다. 이 문장을 낭독하는 데 어느 정도 자신감이 생기면 이제는 한자와 병음을 같이 보면서 낭독한다.

Wǒ lái jiè shào yí xià.

我来介绍一下。

Wǒ jiào Mǎ lì.

我叫玛丽。

Wǒ shì měi guó liú xué shēng.

我是美国留学生。

Zhè shì Dà wèi.

这是大卫。

Tā shì wǒ de hǎo péng you.

他是我的好朋友。

Tā shì fǎ guó rén.

他是法国人。

Rèn shi dà jia hěn gāo xìng.

认识大家很高兴。

나중에는 병음을 보지 않고 그 문장을 한자만 보고 낭독했다. 한자를 완벽하게 알지 못해도 이미 입에 붙은 문장들이어서 술술 낭독할 수 있게 되었다.

我来介绍一下。

我叫玛丽。

我是美国留学生。

这是大卫。

他是我的好朋友。

他是法国人。

认识大家很高兴。

　　한 학기 내내 교수님 앞에서 확인받는 과정을 되풀이했다. 똑같은 연습만 계속하는 게 지겹다고 불만을 토로하는 친구들도 있었지만 나는 조금도 지루하지 않았다. 회화 수업에서 보다 훨씬 긴 호흡으로 중국어 문장을 낭독하면서 내 중국어가 엄청 유창한 것 같다는 착각까지 들었다. 중국 아나운서가 되는 말도 안 되는 상상을 하면서 큰 소리로 읽고, 읽고, 또 읽는 과정은 늘 즐거웠다. CD 속 중국 성우의 발음과 가까워지는 것을 확인할 때의 그 느낌은 매우 짜릿했다.

## 낭독만큼 효과적인 공부법은 없다

　　중국에서 공부를 할 때도 독해 과목 교수님은 매번 낭독 숙제를 내 주셨다. 우리는 그다음 시간에 어김없이 숙제를 제대로 했는지 한 명 한 명 확인받았다. 교재 한 페이지에 가득 적힌 문장들을 중국인에 빙의해 읽고 또 읽었다. 낭독을 하면서 발음이 탄탄해졌음은 물론, 좋은 문장들을 저절로 암기할 수 있었다. 단어의 의미를 일일이 따지면서 읽지 않아도 전체 내용이 파악되면서 세부적인 문장 구조, 어휘의 쓰임까지 파악할 수 있었다.

내가 낭독의 효과를 가장 크게 본 것은 바로 기내방송문이다. 나는 비행 근무를 할 때 기내 방송을 도맡아 했다. 기내 방송은 승무원이라고 아무나 할 수 있는 것이 아니다. 수없이 훈련받고 시험을 봐서 최소 B 점수를 받아야 마이크를 들 수 있는 자격이 주어진다. 그리고 주기적으로 그 자격을 보유할 실력을 유지하고 있는지 재점검을 받아야 할 만큼 회사에서는 방송의 질을 중요시 여긴다.

나의 한국어와 영어 기내방송 자격은 모두 A였다. 그리고 중국어 방송 자격도 B를 가지고 있었다. 한국어, 영어가 모두 A이면서 중국어 B까지 가지고 있는 소수의 승무원이었다. 입사하고 몇 년간 한국어, 영어, 중국어 방송을 한 비행에서 혼자 다 한 적도 많았다. 중국 노선이 아니어도 중국인 탑승객의 비율이 높은 노선에서는 중국어 방송도 했어야 했다.

어떤 승무원들은 방송하는 것을 엄청 꺼려했다. 잘해야 본전이었기 때문이다. 혹시나 방송에서 큰 실수라도 했다가는 승객의 컴플레인을 받거나 회사에 불려가게 될 수도 있었다. 그리고 방송 담당자라고 해서 일을 더 적게 하는 것도 아니었다. 똑같이 일을 하면서 방송 시점이 되면 달려가 마이크를 붙잡고 호흡을 가다듬어야 했다.

그래도 나는 방송을 좋아했다. 마주보고 앉은 승객이, 잠깐 몸을 움직이며 왔다갔다 이동하던 승객이 내가 방송하는 모습을 본 후 멋지다고 칭찬해 주면 흘러내리던 땀도 식었다. 같이 비행하는 동료가 "와, 오늘 방송 진짜 깔끔하네요. 비행의 수준이 올라가는 것 같아요."라고 추켜세워 주기도 했다.

2시간짜리 중국 비행을 할 때였다. 빨리 중국어 방송을 해야 하는 중국인 승무원이 카트와 카트 사이에 막혀서 움직이지 못하고 어쩔 줄 몰라 하고 있었다. 나는 한국어와 영어 방송을 마치고 빨리 그녀가 중국어 방송을 해 주길 기다렸다. 워낙 비행시간이 짧은 구간이라 방송이 쉼 없이 나와야 했다. 서비스도 미친 듯이 빨리 끝내야 했다.

나는 그녀에게 입 모양으로 "어떡하지?"라고 말했다. 그녀도 입 모양으로 나에게 말했다.

"대신 좀 해 줘, 네가 좀 해 줘."

나는 그동안 수없이 반복하며 큰 소리로 연습했던 것만 믿고 마이크를 눌렀다. 한국인인 내가 대신하는 것이 티가 나서는 안 됐다.

"女士们, 先生们。我们飞机正在颠簸…。"

한국어, 영어, 중국어 방송을 어떤 바쁜 상황에서도 술술 해낼 수 있었던 비결은 바로 중국어 낭독을 통해 훈련된 내공 덕분이었다. 지금도 중국 항공사와 국내 LCC항공사 입사를 준비하며 기내

방송문 낭독을 연습하는 예비 승무원들이 있다. 처음에는 낯선 방송용어가 입에 붙지 않아 애먹던 준비생들도 연습을 통해 실력이 크게 향상되었다. 이미 승무원이 되어 기내에서 마이크 핸드셋을 들고 방송하는 자신의 모습을 강하게 상상하길 바란다. 그리고 큰 소리로 방송문 낭독을 반복하는 만큼 당신의 꿈에 더욱 가까워진다. 의미를 따지지 않고 일단 소리 내어 낭독하는 것, 그것만큼 확실한 실력 향상을 보장하는 방법은 없다.

# 반드시 단어가 아닌
# 덩어리로 암기하라

## 어휘를 알면 쉽게 문장을 만들 수 있다

표음문자로 이루어진 한국어와 달리 중국어는 표의문자다. 한자를 많이 알고 있으면 중국말을 하나도 못하더라도 글자를 보고 대충 무슨 뜻인지 알아낼 수 있다. 만약 여행지에서 물을 사고 싶은데 상점에 들어가 말을 할 수 없다고 생각해 보자. 수첩에 '水'라고 적어 보여 주면 물을 살 수 있을 것이다. 이렇게 필담만으로도 간단하게 중국인과 의사소통을 할 수 있다.

내 머리카락은 매우 짧다.

我的头发很短。

[wǒ de tóufà hěn duǎn.]

我; 나 / 的; ~의 / 头发; 머리카락 / 很; 매우 / 短; 짧다

이 사과는 정말 맛있다.

这个苹果真好吃。

[Zhège píngguǒ zhēn hǎochī.]

这个; 이 / 苹果; 사과 / 真; 정말 / 好吃; 맛있다

목적어가 없는 이러한 문장은 우리말과 배열이 거의 같다. 단어를 알면 그것을 나열하는 것만으로도 문장을 만들어 낼 수 있다.

우리말과 중국어 어순의 가장 큰 차이점은 동사와 목적어의 위치가 다르다는 점이다. 중국어를 배우지 않은 사람들도 익히 잘 알고 있는 "워아이니(나는 너를 사랑해)."라는 문장을 살펴보자.

我爱你。

[wǒ ài nǐ.]

我; 나 / 爱; 사랑하다 / 你; 너

이렇게 글자를 하나씩 떼어서 보면 목적어와 동사의 순서가 우리말과 다름을 한눈에 알 수 있다. 이러한 구조로 이루어진 간단한 문장은 굳이 어순이나 문법을 따지지 말고 통으로 익힌다.


나는 밥을 먹는다.
我吃饭。[Wǒ chī fàn.]


나는 너를 사랑하지 않는다.
我不爱你。[Wǒ bú ài nǐ.]


당신은 한국인입니까?
你是韩国人吗? [Nǐ shì Hánguórén ma?]


이번에는 "내가 너한테 약을 사다 줄게."라는 말을 알아보자.


我给你去买点药吧。
[Wǒ gěi nǐ qù mǎi diǎn yào ba.]

문장을 만들어 말을 하고는 싶지만 아직 긴 문장을 만들지 못한다고 가정해 보자. 다음과 같이 말을 할 수 있을 것이다.

> 내가 약 살게.
> 我买药。[Wǒ mǎi yào.]
> 내가 약 사러 갈게.
> 我去买药。[Wǒ qù mǎi yào.]
> 내가 약 줄게.
> 我给你药。[Wǒ gěi nǐ yào.]

이 세 문장 모두 문법적으로 오류 없는 정확한 표현이다. '내가 너에게 약을 주겠다'라는 핵심은 분명히 전할 수 있다.

> 我; 나 / 给你; 너에게 / 去; 가다 / 买; 사다 / 药; 약

이렇게 단어만 알고 있어도 그것들을 열거해 문장을 만들 수 있다. 아는 단어가 많아질수록 열거할 수 있는 단어가 많아진다. 그래서 중국어는 어휘량 확보가 정말 중요하다. 어휘를 많이 알고 있으면 통으로 익힌 기본 뼈대 문장에다 살을 가져다 붙일 수 있다.

## '따페이'를 통째로 익혀라

중국어에는 따페이(搭配)라는 것이 있다. '따페이'란 쉽게 말해 묶음으로 사용되는 단어의 결합이다. 단어와 단어 간에 어울리는 짝꿍 찾기라고 보면 된다. 중국어 고수로 가는 길은 이 따페이를 얼마나 많이 제대로 알고 있느냐에 달려 있다 해도 과언이 아니다.

중국어로 '스트레스'는 压力[yālì]라고 한다. 그럼 '스트레스를 받다'는 뭐라고 할까? '스트레스를 풀다'는 뭐라고 할까?

> 스트레스를 받다: 受到压力[shòudào yālì]
> 스트레스를 풀다: 缓解压力[huǎnjiě yālì]. '숨통이 트이다'라고 할 때도 쓴다.

'스트레스'라는 명사만 알고 있다면 문장으로 표현할 수가 없다.

"숨통이 중국어로 뭐지? 숨은 호흡이니까, 呼吸인가? 통은 또 뭐지? 筒? 그럼 트이다? 트이다는 뭐지? 开通? 打开? 터진 건가? 열린 건가? 으아악!"

'숨통이 트이다(缓解压力)'를 덩어리로 외워 두지 않으면 이렇게 된다. 그래서 이런 고정 구문 따페이를 통째로 익혀 두는 것이 정말 중요하다.

중국어를 막 배우기 시작한 초급 단계에서 할 줄 아는 말 중에

"만나서 반갑습니다.", "오랜만입니다."가 있다. "만나서 반갑습니다."는 "认识你, 很高兴。"이라고 하는데 이 문장을 단어 하나하나 해석하며 익히는 사람은 아무도 없다. [런슬니헌까오싱]이라고 통째로 암기한다. "오랜만입니다."인 "好久不见。"도 마찬가지다. "'好'는 '좋다'라는 뜻인데 여기서는 '매우'로 쓰고, '久'는 '오래', '不'는 '아니다', '见'은 '보다'니까 '매우 오래 안 보다'라는 뜻이구나." 이런 식으로 하나하나 분해해서 익힐 필요가 없다. [하오지우부찌엔] 통째로 외우면 그만이다.

공으로 하는 운동은 대부분 동사로 打[dǎ]를 쓰지만 축구는 발로 차기 때문에 踢[tī]로 쓴다. 동사와 명사를 따로 분리해 외우지 않고 '축구하다; 踢足球[tī zúqiú]', '농구하다; 打篮球[dǎ lánqiú]', '골프 치다; 打高尔夫球[dǎ gāo'ěrfū qiú]' 이렇게 애초에 덩어리로 익혀 두는 것이 좋다.


초급 단계에서 배우는 짧고 간결한 표현들을 덩어리로 익혀 놓자. 기초, 초급 단계에서는 덩어리로 암기한 어휘의 조합과 배열만으로도 간단한 문장을 만들어 내고 의사소통을 할 수 있다. 문장 분석이나 문법 정리는 아직 이르다. 그저 덩어리로 암기하는 과정만이 필요하다.

단계가 올라갈수록 '따페이'를 열심히 익혀야 어색한 한국식 중국어에서 점차 탈피해서 정말 중국어다운 중국어를 하게 된다. HSK나 TSC 시험을 볼 때에 그간 쌓아 놓은 따페이들이 막강한 힘을 발휘하게 된다.

# 쓰지 말고
# 눈으로 사진 찍듯 익혀라

## 한자와 친해질수록 중국어가 쉽다

초등학교 4학년 때부터 어머니가 영어, 수학, 한자 학습지를 시켜 주셨다. 나는 영어와 수학 학습지를 종종 밀렸다. 원래 전업주부였던 엄마는 그때 막 사업을 시작한 아빠를 돕느라 집에 안 계시는 날이 많았다. 나는 동생과 둘이 집에 있으면서 학습지 선생님이 초인종을 누르면 숨을 죽이고 없는 척하는 날이 많았다. 그런데 한자는 한 번도 밀리지 않고 착실하게 했다. 오히려 선생님이 빨리 오시기를 기다렸다. 새 교재를 받으면 사흘도 안 되어 미리 다 풀 정도로 한자를 좋아했다. 언제부터, 무엇 때문에 그렇게 한자가 좋아졌는지는 기억이 잘 나지 않는다.

"동녘 동(東) 자는 나무(木)에 해(日)가 걸려 있는 모양이야. 해가 동쪽에서 뜨기 때문이란다."

선생님의 설명을 듣고 너무 재미있어서 혼자 막 히죽거리던 그 날이 기억난다. 날 비(飛) 자를 따라 쓰면서 글자가 진짜 날아가는 모양이라며 신기해했었다. 나무 목(木)이 두 개가 모이면 수풀을 이루어 수풀 림(林), 거기에 나무가 한 개 더해지면 빽빽할 삼(森)이 된다는 것을 배웠을 때에는 마치 "유레카!"를 외치던 아르키메데스처럼 기뻐했다.

그랬던 내가 중국어 가르치는 일을 시작하고 성인 수업을 하면서 크게 놀란 점이 있다. 정말 많은 사람들이 한자를 아예 모르거나 매우 어려워했다. 새로운 글자가 나오면 획순에 맞춰 쓰기는커녕 완전히 그리는 수준인 경우도 많았다. 물론 나 또한 번체자가 아닌 간체자로 중국어를 공부하면서 오히려 제대로 쓰는 방법을 잊어버린 글자도 많다. 보면 무슨 글자인지는 알지만 막상 쓰려고 하면 펜이 쉽게 안 움직이는 글자들도 있다. 그렇지만 나는 워낙 어릴 때부터 많이 한자를 써 와서 획순이라는 것을 의식하지 않고도 웬만한 글자는 술술 쓸 수 있게 되었다. 한자에 대한 두려움이 없다. 그래서 다른 사람들도 다 그런 줄 알고 있었던 것 같다.

적극적인 수업 참여와 꾸준한 복습, 반복 연습으로 회화 실력이 눈에 띄게 빨라지는 수강생들이 있다. 그런데 종종 그런 분들의 발목을 잡는 것이 한자였다. 병음을 보고는 술술 잘 읽는데, 한자만 보고 읽어보도록 주문하면 완전히 헤매는 것이었다. 오히려 책을 전혀 보지 않고 말하기 연습을 시켜 보면 더 유창하게 말하는데 그놈의 한자가 문제였다. 한자가 버거운 수강생들은 신나게 열심히 달리다가 그렇게 한 번씩 좌절하곤 한다. 자신감이 뚝뚝 떨어진다고 하소연한다.

한자와 평생을 친하게 지내지 않은 사람이 갑자기 처음부터 한자를 완벽하게 알겠다고 욕심을 내면 결국 금방 포기하게 된다. 읽는 것뿐만 아니라 쓰기까지 완벽하게 하겠다고 덤볐다가는 쓴맛만 보고 말 것이다. 절교했던 한자와 친해지는 데는 시간이 걸린다.

## 한자와 친해지기 위한 단계적 접근법

첫째, 한자를 사진 찍듯 익히며 눈에 익숙해지도록 해야 한다. 어린아이들은 관찰력이 뛰어나다. 동화책을 읽어줄 때 보면 어른은 무심코 보고 넘길 아주 작고 사소한 부분까지 그림 속에서 캐치해 낸다. 그래서인지 글자를 꼭 쓰게 시키지 않는데도 글자를 그림처럼 인식하고 눈과 머릿속에 저장하곤 한다. 어린아이처럼 글자를 쓰는 것에 대한 부담감을 버리고 일단은 눈이라는 카메라로 한자를 많이 보고 익숙해져야 한다.

둘째, 비슷하게 생겼지만 다른 한자들을 비교해 보자. '渴와 喝', '乞와 吃'를 예로 들어 보겠다.

먼저 渴[kě]는 '갈증 나다', 喝[hē]는 '마시다'라는 뜻이다. 오른

쪽 曷 부분은 같지만 왼쪽이 다르다. 渴는 물(水/氵)이 필요해서 '갈증 나다', 喝는 입(口)을 빌려 '마시고 있다'고 기억하면 도움이 된다.

乞[qǐ]는 '구걸하다'라는 뜻이다. 吃[chī]는 '먹다'라는 뜻이다. 먹을 게 없어서 '구걸(乞)'을 하다가 입(口)을 빌려 '먹게(吃)' 되었다고 기억하면 된다.

## 猪(zhū), 猫(māo), 狗(gǒu)

각각 '돼지', '고양이', '개'라는 뜻의 글자다. 犭 부수가 있으면 동물을 가리키는 경우가 많다. 물론 다 그런 것은 아니지만 글자를 암기할 때 이런 특징을 찾아 연상하면 도움이 된다.

나는 성인 수업을 할 때 한자를 어려워하는 수강생들에게 최대한 재미있게 한자를 설명해 준다. 쉽게 기억할 수 있도록 여러 가지 방법으로 연상할 수 있게 도와준다.

셋째, 조금씩 꾸준히 획순에 따라 써 보기에 도전해 보자. 첫술에 배부를 수 없다. 일단 펜을 쥐고 쓰기를 시작한 것에 더 의의를 두어야 한다. 엄청 집중해서 하지 않아도 된다. 커피숍에서 딴짓을 하면서 아무 생각 없이 따라 써도 된다. 획순이 그려져 있는 교재를 사용해서 획순에 따라 슥슥 쓰다 보면 한자를 그리는 수준에서 벗어날 수 있다. 시중에는 간체자 쓰기 교본과 같은 책들이 있다. 일단 얇은 책 한 권을 마스터하면 좋다. 그러고 나서 점점 양도 늘리고 수준도 높여 간다. 꾸준히 즐기다 보면 어느 순간 획순을 의식하지 않아도 펜이 저절로 움직여지는 기적을 경험하게 된다.

쓰기 연습은 반드시 말하기, 듣기를 우선적으로 하면서 병행되어야 한다. 한자가 어렵고 쓰기가 안 될수록 쓰기 연습이 주가 되어서는 안 된다. 당장 한자 쓰기 시험을 보아야 하는 것이 아니라면 내가 권하는 대로 회화 연습을 우선시하면서 글자는 눈으로 찍고, 조금씩 따라 쓰기를 실천해 보길 바란다.

## 꾸준히 읽고 써 보며 연습하라

처음에는 시험 생각 없이 회화만 열심히 배우던 사람들도 어느 정도 중국어 배우기에 익숙해지고 자신감이 붙으면 HSK 시험에 욕심을 낸다. 그러다가 쓰기가 걱정이 된다며 또 의지가 약해지고 자신감이 떨어진다. 그렇지만 크게 걱정하지 않아도 된다. 정말이다! 왜 그럴까?

이미 10년 전부터 중국에서는 학생들의 쓰기 실력이 현저히 떨어지고 있다는 보도가 계속 나오고 있다. 중국의 어린이들도 외국인이 중국어를 처음 배울 때처럼 병음(알파벳 기호로 중국어 발음을 표기하는 것)으로 중국어 교육을 받기 시작한다. 또 손글씨 대신 컴퓨터를 많이 사용하다 보니 한자를 제대로 적지 못하는 젊은이들이 늘고 있다는 것이다. 중국인들도 그럴진대 하물며 외국인인 우리는 어떻겠는가! 조금 위안이 되지 않는가?

HSK 시험 역시 시대를 반영해 손으로 글씨를 쓰고 문제를 푸는 지필평가와 컴퓨터로 시험을 치르는 컴퓨터평가 두 가지 방식을 채택하고 있다. 정말 쓰기에 자신이 없는 사람이라면 지필평가 대신 컴퓨터 평가 방식을 선택해 시험을 치르면 된다. 컴퓨터 방식으로 시험을 본다고 해서 점수를 야박하게 주는 것도 절대 아니다. 성적표에 따로 표시를 해서 불이익을 주는 것도 아니니 안심해도 된다. 컴퓨터 방식으로 시험을 잘 보려면 내가 작성하려는 글자의 발음을 정확한 병음으로 입력해야 한다. 그래야 그 병음에 해당하는 한자들이 뜨고, 그중에서 맞는 한자를 골라 클릭하는 것이다. 눈으로 사진 찍듯이 익히고 몇 번씩은 직접 써 봐야 컴퓨터 방식으로 시험 볼 때도 좋은 결과가 따라온다.

어느 영역이나 마찬가지지만 한자 쓰기야말로 '꾸준히'가 답이다. 막연한 부담감은 내려놓고 눈으로 찍어가며 조금씩 써 보고 연습하면 된다. 포기하지 않고 따라가면 중국에는 쓰기도 정복 가능하다. 나의 수강생들이 그것을 증명하고 있다.

# 좋은 표현은
# 바로 내 것으로 만들어라

## 새로 접하는 표현은 꼭 써 보자

《완벽한 영어공부법》의 저자 전희정 작가는 그의 책에서 다른 사람의 표현을 '훔치라'고까지 표현했다. 혼자서 하는 공부에는 한계가 있기 때문에 반드시 사람을 통해서 배우고 좋은 표현을 내 것으로 만들어야 한다는 것이다. 그러면서 영어 실력을 끌어 올려야 한다고 말했다. 중국어 역시 마찬가지다. 다양한 주제의 문장들을 접하면서 좋은 표현이 나오면 그것을 내 것으로 만들기 위해 노력해야 한다.

중국에 있을 때 TV를 보다가 우연히 이런 표현을 들었다.

"五音不全[wǔ yīn bù quán]。"

여러 출연자들끼리 웃고 떠드는 예능 프로그램이었는데 노래 실력이 완전 음치 수준인 사람이 있었다. 그의 노래 실력을 가지고 이야기하는데 계속 '五音不全'이라는 표현이 나왔다. '호~ 오음이 불완전하다니. 역시 중국어는 너무 재미있단 말이야.' 나는 바로 이표현을 머릿속에 입력했다. 그리고는 얼마 뒤 이 재미난 표현을 중국인과 대화하며 써먹어 보았다.

중국인 친구와 이런 저런 수다를 떨던 중 좋아하는 노래 이야기가 자연스럽게 나왔다. 나는 일부러 친구에게 물었다.

"너 노래 잘 부르니?"

"그럭저럭. 부르는 걸 좋아하기는 해. 너는?"

나는 속으로 '아싸!'를 외치고 이렇게 말했다.

"사실 나 음치(五音不全)야."

"뭐? 너 음치야? 푸하하!"

너무 대놓고 웃어대는 친구 때문에 얼굴이 달아올랐다. 나는 바로 이실직고했다.

"사실 음치 아니야. 나 이 말 꼭 해 보고 싶어서 외워 놨다가 지금 너한테 써먹은 거야."

"와~ 니 쩐 타오옌(讨厌)!"

친구는 슬쩍 눈을 흘기며 말했다. 그동안 내가 알고 있던 '讨厌[tǎoyàn]'이라는 말은 '혐오스럽다', '싫어하다'라는 뜻이었다. 그날 나는 "너 정말 얄밉네."라고 할 때도 讨厌을 쓴다는 것을 알게 되었다. 그 이후 나도 친구들에게 종종 "얄미워.", "얄미워 죽겠네."라는 표현을 활용했다.

    마카오항공에서 비행할 때였다. 당시 승무원들 사이에서 한국 비행은 가장 기피하는 노선 중 하나였다. 한국인 승무원은 어쩔 수 없이 의무적으로 한 달에 한두 번 꼭 한국 비행이 있었다. 다른 국적 승무원들은 꼭 한국 비행에 갈 의무가 없었다.

    어느 날 사내 게시판에 한 중국 승무원이 써 놓은 글을 발견했다.

    "我不想飞地狱班[Wǒ bùxiǎng fēi dìyùbān]。"

    빨간색 펜으로 눈에 띄게 크게 써 놓은 문구는 바로 "지옥행 비행 가기 싫어요."였다.

    "스케줄 바꿔 줄 승무원 찾습니다. 나는 한국 면세점에서 살 화장품도 없고 쉬는 날도 언제로 바뀌어도 상관없어요. 제발 지옥만 좀 가지 않게 해 주세요."

    구구절절한 멘트에 우는 얼굴 그림까지 그려져 있었다. 나 같은 한국 승무원들이야 어쩔 수 없이 꼭 가야 하는 한국 비행이었지만, 그들에게는 마냥 피하고 싶을 만큼 괴롭고 힘든 근무였다. 새벽 2시에 출발해 인천공항에서 잠시 쉬고 다시 마카오로 돌아오는 밤샘 왕복 비행이기 때문이었다.

    당시 회사에는 스왑(swap) 제도가 있었다. 승무원끼리 오프(쉬는 날)나 비행시간 등 조건이 맞으면 서로 협의해 스케줄을 바꿀 수 있는 제도였다. 얼마나 가기 싫었으면 지옥행에 가기 싫다고 했을까. 어이가 없으면서도 표현이 재미있어서 나는 그때부터 지옥행이라는 표현을 자주 쓰게 되었다.

회사를 바꿔 대한항공에서 비행할 때도 유독 힘든 장거리 비행에 같이 근무하는 중국인 승무원이 있으면 이 말을 써먹었다.

"와, 우리 어쩌다가 지옥행 비행기에 같이 타게 됐을까?"

이렇게 친근하게 말을 걸면 피곤에 지쳐 있던 중국 승무원들의 표정이 밝아졌다. 그렇게 대화를 시작하고 친해지게 되었다. 지옥행은 어느새 견딜 만한 무난한 비행 내지는 추억거리를 제공해 주는 좋은 비행으로 둔갑했다.

## 최대한 많은 문장을 접하고 활용하라

요즘에 나오는 교재들은 다 정말 좋다. 저자들이 밤낮으로 연구하고 고민하며 쓴 교재들이니 열심히만 하면 실력 향상은 당연하다. 나는 초급 회화로 중국어를 배울 때부터 '언제, 어디서, 어떻게 이 문장을 활용할 것인지'를 파악하는 데 주력했다. 내 상황에 꼭 맞는 문장이 나오면 특히 열심히 외웠다. 언젠가 그 상황에 놓였을 때 말 못하고 후회하며 아쉬워하지 않도록, 꼭 써먹으려 노력했다.

TV나 유튜브 영상을 볼 때, 중국인과 대화를 할 때도 유난히 딱 '내 것'이라는 느낌이 드는 표현들이 있다. '이 표현은 실제로 내가 금세 써먹을 수 있겠다'라는 감이 딱 올 때가 있다. 그럴 때 그 표현들을 놓치지 말고 재빨리 '내 것'으로 만들어야 한다. 여러 번 따라 하고 상황극을 연출해 연습하면서 내가 그 문장을 실제로 활용하는 장면을 떠올려 보아야 한다.

시험용 작문 공부를 할 때나 면접 준비를 할 때도 마찬가지다. 내가 아무리 열심히 공부하고 실력을 쌓아왔다 해도 중국인이 아닌 이상 수준 높은 문장을 창작해 내기란 쉽지 않다. 사실 우리가 한국어를 쓸 때도 항상 고급스럽고 교양 있는 것은 아니다. 말을 할 때보다 글을 쓸 때 더욱 어려움을 느끼곤 한다. 중국인들도 마찬가지다. 그러니 외국인인 우리에게는 작문이나 면접용 교양 있는 답변을 만드는 것이 훨씬 힘들 수밖에 없다. 그래서 많은 문장을 접해야 한다. 필요하면 통째로 글 전체를 암기하면서 좋은 표현들을 내 것으로 만들어야 한다. 교양 있는 중국인이 쓴 좋은 표현들을 훔쳐야 한다.

회화와 면접용 답변은 달라야 한다. 친구들과 웃고 수다 떨며 나누는 짧은 호흡의 대화와는 분명한 차이가 있다. 설득력이 있어야 하고 너저분하지 않게 간결해야 한다. 혼자서 준비하는 것이 어렵다면 010.7151.4185로 도움을 요청하는 문자 메시지를 보내 보자. 나는 중국남방항공 지상직, 중국공상은행 서울지점, 중국 마카오항공의 중국어 면접에 모두 합격했다. 현재 항공사, 면세점 입사 및 각종 중국어 면접을 준비하는 수강생들을 가르치며 도와주고 있다. 각자의 살아온 스토리를 토대로 예상 질문에 맞는 답변을 함께 만들어 준다. 수강생이 직접 작문한 답변을 자연스러운 표현으로 첨삭해 주고 있다. 그것을 어색하지 않게 답할 수 있도록 자세와 말투까지 훈련시키고 있다. 나와 함께 연습한 좋은 중국어 표현을 수강생 자신의 것으로 완전히 체화될 수 있도록 코칭하고 있다. 이러한 것들을 바탕으로 당신의 꿈을 찾아가는 여정에 힘이 되어 주겠다.

功夫不负有心人[gōngfū búfù yǒu xīn rén]。
노력은 뜻이 있는 사람을 저버리지 않는다.

# 수준에 맞는
# 쉬운 중국어 책부터 읽어라

## 책을 자주 접할수록 좋다

내가 좋아하는 책은 실용서적과 자기계발서다. 이상하게도 소설은 아무리 재미있다는 것도 잘 읽히지가 않는다. 소설만 읽는 문학 소녀인 내 동생과는 취향이 완전 반대다. 동생이 너무 재미있다며 여러 번 소설책을 빌려 주었는데 그때마다 거의 4분의 1도 읽지 못하고 깨끗하게 돌려줬다.

나는 책 사는 것을 엄청 좋아한다. 사 놓고 전시만 해 놓은 책도 많다. 다 읽지 못해도 책장 가득 꽂혀 있는 책들을 보면 마음이 그렇게 배부를 수가 없다. 비행을 할 때도 현지에서 시간만 나면 서점에 갔다.

한번은 시애틀 극장에서 〈인사이드아웃〉이라는 애니메이션 영화를 보았다. 그리고 바로 옆에 있는 서점 '반스앤노블'에 들렀다가 《인사이드아웃》 책을 발견하고는 그 자리에서 샀다. 영화를 보면서 잘 안 들렸던 부분을 책으로 읽으면서 '아, 이런 말이었구나' 하고 알게 됐다.

러시아 상트페테르부르크에서도 서점에 들렀다. '돔 끄니기'라는 대형 서점이었다. 알아볼 수 없는 러시아 책들을 구경하며 시간을 보내는데 이상하게 기분이 좋았다. 왜 그런지 모르겠지만 서점에만 들어가면 뭔가 내가 더 나은 사람이 될 것만 같은 기운이 느껴졌다. 진지한 표정으로 책을 구경하고 있는 러시아 사람들의 얼굴을 살피는 것도 재미있었다. 이리저리 기웃거리다가 동화책을 몇 권 사왔다. 집에 가져가 봤자 몇 번 펼쳐 보지도 않을 것을 알았지만 상관없었다. 예쁜 그림에 낯선 러시아 글자가 섞여 있는 책이 너무 귀여워서 지나칠 수 없었다.

그렇게 나의 책장에는 중국어, 영어, 일본어, 스페인어, 러시아어 책까지 다양한 국적의 책들이 꽂혀 있다. 중국어 책이야 자주 들여다보지만, 가끔 영어 책을 뒤적이는 것을 빼고 다른 언어 책들은 예쁜 장식용이다.


처음 창춘에서 교재가 아닌 진짜 책을 직접 사서 본 것은 《你今天心情不好吗?[Nǐ jīntiān xīnqíng bù hǎo ma?]》이었다. 《THE BLUE DAY BOOK: 누구에게나 우울한 날은 있다》라는 제목으로

2000년에 첫 출간된 호주 작가 브래들리 트레버 그리브의 사진 에세이집이었다. 중국에서는 《오늘 당신 기분이 안 좋은가요?》라는 제목으로 출간되었다.

나는 서점에서 우연히 이 책을 발견했다. 인기가 많아 베스트셀러 코너에 눈에 띄게 놓여 있었던 것 같다. 커다란 북극곰 두 마리가 서로를 위로하듯 껴안고 있는 표지가 눈길을 사로잡았다. 책장을 넘겨보았다. 각 페이지마다 동물들의 흑백 사진이 들어있고 그 밑에 한 줄짜리 짧은 문장이 중국어와 영어로 적혀 있었다. 동물들의 표정이 사람보다 더 사람 같았다. 장면이 모두 리얼하면서 따뜻한 느낌이었다. 사진 밑의 글을 읽어 보았다. 그런데 생각보다 쉽게 읽히지 않아 당황스러웠다. 문장의 길이가 짧고 사진 속 동물들이 귀여워서 내용이 쉬울 거라고 나도 모르게 착각을 했던 것이다.

'어라, 이 책에 있는 어려운 말들 다 섭렵해 버리겠어.'

그렇게 그 책을 사가지고 와서 읽기 시작했다. 모르는 부분은 사전을 찾아가며 공부하고 낭독 연습을 했다.

## 어려운 어휘가 있어도 전체 흐름을 따라 가면 이해가 쉽다

그 후 얼마 지나지 않아 《许三观卖血记[Xǔsānguān mài xiě ji]》라는 중국 소설을 읽었다. 손에 쥐자마자 순식간에 완독했다. 한국어로도 소설책은 거의 읽지 않는 나였지만 중국어로 읽는 소설은 재미가 남달랐다. 《许三观卖血记》는 중국의 유명작가 위화가 쓴 소설이다. 우리말로는 《허삼관매혈기》다. 중국에 문화대혁명이 막 일어나고 사회주의가 정착될 즈음을 배경으로 허삼관이라는 사람이 가족의 생계를 위해 피를 파는 이야기다.

허삼관은 지독하게 가난한 하층 노동자였다. 결혼을 하기 위해서 피를 팔고, 폭행 사고를 친 아들 때문에 피를 팔았다. 먹고살기도 힘든 와중에 다른 여인에게 연민이 들어 피를 팔기도 했다. 57일간 굶주리고 있는 가족에게 밥 한 끼를 제대로 먹이고 싶어서 또 피를 팔았다. 알고 보니 자신의 친아들이 아니었던 큰아들을 살리기 위해서 다섯 번이나 피를 팔았다. 그는 그렇게 자신의 피를 팔아가며 간신히 생계를 잇고 가정의 위기를 극복하며 살아왔다. 세월이 한참 지나 이제는 피를 팔지 않아도 경제적 걱정 없이 살게 되었다. 아들들도 모두 장가를 가고 직장을 가졌다. 어느 날 우연히 식당 앞을 지나다가 젊은 시절 피를 팔고 나서 기력 보충을 위해 먹었던 돼지간볶음과 황주 생각이 났다. 그것들을 다시 먹고 싶은 생각에 그는 다시 피를 팔러 갔다. 나이가 많아 매혈을 거부당한 그는 눈물을 흘렸다.

나는 이 소설을 읽으면서 엄청난 충격을 받았다. 첫 번째 이유는 내용이 너무 쇼킹해서였다. 지독하게 가난하고 무식해서, 도덕과 윤리를 저버리는지도 모르고 피를 팔며 발버둥 치던 주인공 허삼관이 안쓰럽고 불쌍했다. 친자식이 아닌데도 품고 오히려 그 아들을 위해 목숨까지 걸며 치열하게 버텨내는 아버지의 모습이 눈물 나게 짠했다. 내가 그 무섭고 불안했던 대약진운동 시기에 중국인으로 태어나지 않은 것이 다행이라는 조금 엉뚱한 생각도 들었다. 소설이 이렇게 재미있다니, 심지어 중국 사람이 쓴 중국 소설이 이렇게 흥미진진하다니! 나는 정말 충격을 받았다.

또 다른 충격은 너무 쉽게 읽혔다는 점이다. 길이가 짧다고 문장이 쉽고, 길이가 긴 책이라고 문장이 어려운 것이 결코 아니었다. 그 사이에 내 실력이 확 올라간 것도 아니었다. 소설책이라 대부분의 문장이 구어였다. 내용이 흥미진진하니 중간에 모르는 어휘가 있어도 전체적인 흐름을 따라가면서 저절로 다 이해가 되었다.

나는 긴 호흡의 중국어 책을 읽는 데 자신감을 갖게 되었다. 하지만 어린이용 동화책은 또 다른 세계였다. 0~3세용 동화책을 마냥 우습게 봤다가는 큰 코 다친다. 평소 공부를 할 때는 한 번도 접해 보지 못했던 의성어와 의태어가 많이 나온다. 은유적인 표현도 종종 나온다.

대학원에서 아동중국어교육 수업을 들을 때였다. 교수님이 학생들에게 이렇게 물으셨다.

"여러분, '시계가 똑딱똑딱' 할 때 그 '똑딱똑딱'을 중국어로 뭐라고 하는지 아시나요?"

내가 대답했다.

"디다디다."

"그럼 데굴데굴은요?"

"꾸루꾸루."

"칙칙폭폭은?"

"홍롱홍롱."

"아니, 이 원우님은 의성어, 의태어를 이미 연구하셨나 봐요."

사실 나는 중국어를 20년 가까이 하면서 이런 의성어, 의태어를 접해 본 게 최근 2~3년 사이다. 내 아이들이 태어나고 나서 동화책을 많이 읽어 주다 보니 저절로 알게 된 것이지, 그 전에는 알리가 없었다.

## 오래 걸려도 완독하는 것이 중요하다

공부를 위해서 중국어 원서를 읽어 보고는 싶지만 어떤 책을 골라야 할지 모르는 사람들이 많다. 요즘은 중국어 책이 비치된 도서관이 많고 온라인과 오프라인에 중국어 책 전문 서점도 여러 군데 있다. 자신의 관심 분야이면서 내 수준에 맞는 중국어 책을 직접 찾아내야 한다. 다른 사람이 추천하는 책이 나에게는 딱 맞지 않을 수 있다.

쉬운 책을 후루룩 빨리 완독하고 성취감을 한 번이라도 맛보는 것이 굉장히 중요하다. 쉬울 줄 알고 골랐는데 생각보다 수준이 높아서 붙잡고 있는 시간이 좀 길어져도 괜찮다. 그것이 공부하는 과정이고 그렇게 내 실력은 한 단계 향상되기 때문이다. 문장을 한 번 스윽 읽어봤을 때 60~70% 정도는 이해가 된다면 그건 내 수준에 맞는 책이다. 아예 무슨 소리인지 못 알아볼 정도로 어려운 책이라면 지금은 시도할 때가 아니다.

결국은 스스로 이런 저런 책을 읽어 보아야 한다. 그리고 나의 눈길을 딱 사로잡는, 수준에 맞는 쉬운 책을 골라내야 한다. 내 인생의 중국어 책은 무엇이 될까? 바로 지금부터 중국어 책 읽기를 시도해 보기 바란다.

# 나만의
# 중국어 정리 노트를 만들어라

중국어를 공부할 때 아주 초기 단계에서는 노트 정리가 따로 필요 없다. 무식하다 싶을 정도로 입으로 외치고 또 외쳐야 한다. 하지만 중급 수준에 달하면 이야기는 조금 달라진다. 듣기, 말하기, 읽기, 쓰기 일명 '듣말읽쓰'가 고루 균형이 잡히려면 가장 기본인 듣고 말하기 훈련 외에도 다양한 공부방법이 병행되어야 한다. 특별히 꾸준한 노트 정리가 필요한 부분이 있다. 몇 가지 노트 정리 비법을 알려 주겠다.

### 첫째, 나만의 양사 노트를 만들어라

기초 단계에서 중급으로 넘어갈 때 많은 학습자들이 어렵다고 느끼는 것 중 하나가 바로 '양사'다. 양사란 세거나 잴 수 있는 분량 또는 수량 따위를 나타내는 단어를 말한다. 우리나라 말에도 다양한 양사가 존재한다. 예를 들면, 동물은 '마리', 꽃은 '송이', 사람은 '명', 물건은 '개', 종이는 '장'이다. 그런데 중국어의 양사는 다양하고 복잡함의 정도가 지나칠 정도다. 예를 들어 보자.

보통 특별한 양사가 따로 없으면 '个[gè]'를 쓴다. '个'는 우리말의 '개'에 해당한다. 종이나 그림은 '张[zhāng]', 테이블과 침대도 '张'이다. '条[tiáo]'는 얇고 길쭉한 사물의 양사로 주로 쓰인다. 물고기, 거리, 바지를 셀 때 '条'를 쓴다. 우산도 얇고 길쭉하니까 '条'를 써야 할 것 같지만 '把[bǎ]'를 쓴다. 이 '把'는 의자를 셀 때도 쓰인다. 고기의 경우 덩어리인지, 얇게 썰었는지에 따라 세는 양사가 다르다. 덩어리는 '块[kuài]', 얇게 썬 고기는 '片[piàn]'을 써서 그 수를 센다. 전혀 연상이 안 되는 양사들도 많다. '支[zhī]'는 연필을 셀 때도 쓰지만 부대나 스포츠 팀을 셀 때도 쓰인다.

한국어에서는 양사가 크게 중요한 역할을 하지 않을 때가 많다. 중국어 양사는 우리말보다 훨씬 자주 쓰이면서도 딱히 명확한 규칙이 없다. 이렇게 복잡한 양사를 날 잡아서 한 번에 다 외우고 익히기란 쉽지 않다. 그래서 나만의 양사 노트가 반드시 필요하다. 공부를 하다가 새로운 양사가 등장할 때마다, 그때그때 정리를 해야 한다.

반드시 해당 양사 뒤에 함께 나오는 명사를 예문과 함께 적어놓아야 한다. 그렇지 않고 '몸집이 큰 동물: 只[zhī]' 이런 식으로만 정리해 놓으면 소용이 없다. 반드시 실제 문장 속에서 어떤 명사와 함께 쓰이는지를 같이 정리하도록 한다.

一只狗: 개 한 마리　　　　一只老鼠: 쥐 한 마리

一群羊: 한 무리의 양　　　　一道题: 한 문제

一道彩虹: 무지개 하나　　　　一首歌: 노래 한 곡

一阵掌声: 한바탕 박수 소리　　一阵风: 한바탕 부는 바람

一场雨: 한 차례의 비

## 둘째, 나만의 성어 노트를 만들어라

중국에서는 일상 회화에서도 성어를 정말 많이 사용한다. 성어를 들었을 때 이해할 수 있고 적당한 상황에서 그것을 활용할 수 있으면 고급 수준에 이르렀다고 말할 수 있다. 그런데 그 수많은 성어를 한 번에 다 암기하고 기억할 수 없다. 그래서 성어 노트 역시 반드시 필요하다.

공부하다가 새로운 성어 표현이 나오면 바로 성어 노트에 적는다. 만약 어떤 성어가 나왔는데 이것을 내가 이미 공부했던 건지 아닌지 헷갈리면, 그때 나만의 성어 노트를 한 장 한 장 넘기면서 찾아본다. 아직 노트에 기록이 없으면 처음 배우는 표현인 것이다. 예문과 함께 잘 정리하고 여러 번 읽으면서 학습한다. 만약 이미 적

어놓은 것을 발견하게 된다면, 아직 그 표현은 내 것이 제대로 되지 않은 증거다. 다시 한번 반복해 소리 내어 읽고 연습한다.

나는 처음 중국어를 공부하며 만들었던 성어 노트를 아직도 간직하고 있다. 내가 지금까지도 가장 많이 쓰는 성어는 단연 '美梦成真[měi mèng chéng zhēn](미몽성진)'으로, '꿈은 이루어진다'라는 뜻이다. 나는 2002년 한일 월드컵이 열릴 즈음 이 성어를 처음 배웠다. 그때부터 '미몽성진'은 내 좌우명이 되었다. 팀 발표를 하거나 프로젝트를 진행하면서 팀원들이 마땅한 팀명을 짓지 못해 고민할 때마다 나는 '미몽성진'을 제안했다. 아직까지도 내 이메일 하단의 자동서명란에는 '美梦成真'이 적혀 있다.

성어 표현이 나올 때마다 정리를 해 놓고 수시로 보자. 오랫동안 붙들고 있지 않아도 된다. 잠깐 한 번씩만 들춰봐도 괜찮다. 일단은 나올 때마다 모아놓는 작업이 중요하다.

성어를 보면 재미있는 점을 발견할 수 있다. 다음과 같이 우리나라와 중국에서 똑같이 쓰는 성어들이 있다.

- 起死回生[qǐ sǐ huí shēng] – 기사회생
- 不可思议[bù kě sī yì] – 불가사의
- 巧言令色[qiǎo yán lìng sè] – 교언영색

출처는 같지만 의미가 다르게 사용되는 성어도 있다.

- 亡羊补牢[wáng yáng bǔ láo] ↔ 망양보뢰

　우리나라에서는 이미 일을 그르친 뒤에는 뉘우쳐도 아무 소용이 없다는 뜻으로 '소 잃고 외양간 고친다'와 같은 말이다. 그런데 중국에서는 '이미 실패나 손실을 당한 뒤에 대책을 강구하는 것도 차후의 재난에 대비할 수 있다'라는 긍정적인 뜻으로 쓰인다.

- 百尺竿头, 更进一步[bǎi chǐ gān tóu, gèng jìn yí bù] ↔ 백척간두

　중국에서는 '이미 충분히 향상하였는데 더욱 분발하여 더 많이 발전·성취하다'는 뜻으로 이 성어를 사용한다. 반면 한국에서는 '백 자나 되는 높은 장대 위에 올라섰다'라는 뜻으로, 몹시 어렵고 위태로운 지경을 이르는 말이다.

　같은 의미이나 구조가 조금씩 다른 성어도 있다.

- 堂堂正正[táng táng zhèng zhèng]: '정정당당하다'라는 뜻으로, 우리나라에서는 정정당당(正正堂堂)으로 쓴다.
- 结草衔环[jié cǎo xián huán]: '은혜를 잊지 않고 보답하다'라는 뜻으로, 우리나라에서는 결초보은(結草报恩)으로 쓴다.

기진맥진(氣盡脈盡), 일자무식(一字無識) 등 우리나라에서만 쓰는 성어도 있다. 정확한 중국 성어로 표현한 기진맥진은 筋疲力尽[jīn pí lì jìn]이다. 일자무식은 目不识丁[mù bù shí dīng] 또는 一窍不通[yí qiào bù tōng]으로 더 많이 사용한다.

## 노트 정리로 실력이 향상된다

그 분야만 파고들어 연구하는 학자가 아닌 이상 모든 양사, 성어를 완벽하게 마스터한다는 것은 절대 불가능하다. 부담이나 스트레스를 받을 필요 없이 꾸준히 즐긴다고 생각하면 된다. 최대한 많은 표현들을 정확하게 알아듣기 위해 노트를 정리하며 잘 쌓아가야 한다. 그중에서 내가 사용할 빈도가 높은 표현들은 우선적으로 익혀두고 실제 상황에서 자주 써먹어야 한다. 실력이 향상되어 갈수록 노트 정리의 힘을 느낄 수 있을 것이다.

노트에 정리하면서 틀리는 것을 두려워해서도 안 된다. 시간이 지나고 처음 정리한 부분을 다시 펼쳤을 때 잘못 적은 부분이 나올 수 있다. 실력이 향상된 상태에서 틀린 것을 발견했을 때는 '내가 왜 이렇게 쉬운 것도 틀렸지?' 싶을 것이다. 하지만 정리를 하던 당시에는 꽤나 어려운 부분이었을 것이다. 스스로 오류를 발견하고 수정하며 완벽에 가까워지는 귀한 경험을 한 것이다. 물론 처음부터 완벽한 정리가 되면 최고다. 하지만 실수가 있을 수도 있음을 인정한다면 노트에 성어나 양사를 정리하는 일이 스트레스가 되지 않을 것이다.

나만의 노트 정리, 절대로 날을 잡아서 한 번에 하는 것이 아니다. 공부를 하다 성어 표현이나 양사가 나올 때마다 미루지 말고 바로 노트에 적어 보자. 틈날 때마다 들추어 보고 복습하면서 노트 필기를 진짜 내 실력으로 승화시킬 수 있다.

# 중국 유명인사의 명강의를
# 따라 해 보자

## 중국의 작은 거인, 마윈

요즘 시대에 마윈을 모르는 사람은 거의 없다. 마윈은 중국 최대 전자상거래업체인 알리바바그룹의 창업자다. 키 162cm, 몸무게 45kg이라는 왜소한 체격 탓에 그에게는 '작은 거인'이라는 수식어가 늘 따라붙는다.

마윈은 가난한 집에서 태어나 공부도 잘 못했지만 영어만은 놓치지 않았다. 학창시절 고향 항주를 방문한 외국인 관광객들에게 무료 통역 가이드를 자처하면서 악착같이 영어를 배웠다. 그는 당시를 회상하며 이렇게 이야기했다.

"나는 외국인들과 직접 대화를 나누며 살아있는 영어를 배웠습니다. 그런데 학교 영어시험 성적은 50점대였어요. 나보다 'apple'

발음이 안 좋은 다른 친구들도 80점은 맞더군요."

청중들은 웃음을 터뜨렸다.

그는 중학교 입시에서도 떨어졌다. 대학에도 삼수 끝에 간신히 들어갔다. 수학 성적이 발목을 잡아 전문대도 들어가기 힘들었다. 항주사범대학 영어과에 결원이 생긴 덕분에 운 좋게 대학에 합격했다. 어린 시절부터 갈고 닦은 영어 실력이 대학 재학 중에 빛났다. 학교 성적은 상위권이었고 학생회장을 맡는 등 리더십을 발휘했다.

그는 대학 졸업 후 3년 동안 직업을 구했다. 30번 넘게 취업에 도전했지만 모두 실패했다. 호텔에 지원했을 때는 작은 키 때문에 떨어졌다. 처음 중국에 KFC가 들어왔을 때도 그를 제외한 23명의 지원자는 모두 합격했지만 그는 떨어졌다. 경찰에 지원했을 때도 다른 지원자들은 모두 붙고 그만 불합격했다.

미국에서 인터넷을 접한 마윈은 인터넷 불모지인 중국에서 1995년 인터넷 관련 기업을 창업했다. 하지만 이마저도 실패했다. 당시에는 너무 앞선 생각 때문에 다른 사람들로부터 사기꾼으로 오해를 받기도 했다. 인터넷이라는 것 자체가 일반 사람들에게는 생소한 분야였기 때문이다.

1999년 그는 B2B 사이트인 알리바바닷컴을 개설했다. 그에게는 알리바바를 글로벌 기업으로 성장시키고 싶다는 꿈이 있었다. 미국에서 투자 유치를 받기 위해 40여 곳의 회사를 찾아갔지만, 모두 고배를 마셔야만 했다. 위기는 계속 찾아왔다. 하지만 거듭된 실패에도 불구하고 마윈은 도전을 멈추지 않았다. 그리고 결국 성공을 거두었다.

20년 전 그는 평범하고 가난한 영어강사였다. 그는 수학 때문에 대학에 들어가기도 힘들 정도로 영어 외에 다른 분야에서는 내세울 게 없었다. 그랬던 그가 2018년 중국 최고 부자 1위의 자리를 차지하게 되었다.

## 마윈의 강연은 중국어 공부에 유용하다

나는 마윈이 1999년도에 알리바바를 설립하면서 동료들과 작은 방에 모여 찍은 비디오 자료를 보았다. 마윈의 확신에 찬 눈빛과 말투, 그것을 하나라도 놓치지 않으려고 초집중하며 듣고 있는 동료들의 모습이 그대로 담겨져 있었다. 그 장면을 보는 나까지 심장이 쿵쿵거렸다.

마윈은 그 자리에서 "우리의 뇌는 미국인의 그것만큼 강합니다. 팀워크를 발휘해 올바른 방향으로 나아간다면 우리는 한 명으로도 열 명을 물리칠 수 있어요."라고 확언했다. 그날 이후로도 그는 수시로 회사에서 비디오를 촬영했다.

"우리가 내리는 수많은 결정과 실수들을 젊은이들이 보고 배울 것을 알기에 계속 비디오를 찍어 놓았습니다."

마윈은 다양한 강연을 통해 전 세계 청년들에게 꿈과 희망을 가지라고 끊임없이 외친다. 그가 하는 한마디 한마디가 촌철살인이다. 태생이 금수저인 사람이 똑같은 이야기를 한들 이토록 큰 감동을 느낄 수 있을까.

"세상은 원래 불공평합니다. 어떻게 공평할 수가 있겠어요? 모든 사람이 성공을 할 수는 없습니다. 하지만 누군가는 성공을 하지요. 누가 성공할 수 있을까요? 꾸준히, 끝까지 해내고 자신을 변화시키는 사람, 다른 사람에게 좋은 영향을 끼치며 사회를 좋게 변화시킬 수 있는 사람이 성공합니다. 누구에게나 공평한 부분도 있죠. 나에게도 하루는 24시간, 당신에게도 하루는 24시간입니다. 일을 할 때 기쁘지 않고 억지로 하고 있다면 그만두세요. 절대로 하기 싫은 일을 직업으로 삼지 마십시오. 아내를 매일 욕하면서 이혼하지도 않아요. 그게 무슨 의미가 있습니까?"

"행복은 스스로 찾아내는 겁니다. 젊은이들에게 말합니다. 다른 사람의 부와 재산을 욕하지 마세요. 자신의 가치를 찾아내고 다른 사람과 사회에 어떻게 기여할 수 있는지를 다시 찾아내 보십시오. 즐거움과 행복을 그 안에서 찾아야 합니다. 즐거움의 이면에는 반드시 고통이 따르지요. 진정한 행복은 당신이 무엇을 하는지 알고 있는 것에서 출발합니다. 다른 사람에게 무엇을 줄 수 있는지를 알 때 고통 속에서 조금씩 즐거움과 행복을 찾아갈 수 있는 것입니다."

마윈은 실로 대단한 강연가다. 그가 전하는 메시지는 굉장한 힘과 설득력이 있다. 그가 말하는 중국어는 자연스럽고 간결하다. 공식 석상에서나 어울릴 만한 딱딱하고 어려운 말투가 아니라 평상시에도 자주 쓰는 어휘와 어조를 사용한다. 그래서 중국어 공부하며 활용하기에도 좋다.

## 명언을 공부하고 따라 해 보자

마윈의 발음은 권설음이 약한 전형적인 중국 남방 사람의 발음이다. 교육용 교재에 들어있는 음원의 발음처럼 깨끗하지 않다. 하지만 문제될 것이 없다. 그의 강연을 들으며 발음을 논할 필요가 없다. 우리 모두 이미 글로벌 중국어에 대한 인식을 가지고 있기 때문이다.

그가 전한 최고의 명언들을 공부하고 따라 해 보길 바란다. 마윈에 빙의해 거울을 보며 스스로에게 외쳐 보자. 입과 귀로 익히고 연습한 후 그의 강연을 다시 들어 보자. 가슴에 깊이 새겨질 것이다. 마윈의 강연을 듣고 보는 당신은 '들을 복(耳福)'과 '보는 복(眼福)'을 가진 사람이다.

今天会很残酷, 明天会更残酷, 后天会很美好。

(Jīntiān huì hěn cánkù, míngtiān huì gèng cánkù, hòutiān huì hěn měihǎo.)

오늘은 혹독하고 내일은 더욱 가혹할 것이나 모레에는 아름다울 것이다.

但大部分人会死在明天晚上。看不到后天的太阳。

(Dàn dàbùfen rén huì sǐ zài míngtiān wǎnshang. Kàn bu dào hòutiān de tàiyang.)

그러나 대부분의 사람들은 내일 저녁에 죽는다(포기한다). 모레에 떠오르는 태양을 보지 못한다.

晚上想想千条路, 早上醒来走原路。

(Wǎnshang xiǎngxiǎng qiāntiáolù, zǎoshang xǐnglái zǒu yuánlù.)

저녁에 천 가지 길을 상상하고, 아침에 일어나 원래의 길을 걷는다.

每个人都是一本书。

(Měigerén dōushì yìběn shū.)

모든 사람은 한 권의 책이다.

这世界上没有优秀的理念, 只有脚踏实地的结果。

(Zhè shìjiè shàng méiyǒu yōuxiù de lǐniàn, zhǐyǒu jiǎotàshídì de jiéguǒ.)

이 세상에 훌륭한 이념은 없다. 오직 착실한 결과만 있다.

生存下来的第一个想法是做好, 而不是做大。

(Shēngcún xiàlái de dì yī gè xiǎngfǎ shì zuòhǎo, ér búshì zuòdà.)

살아남는 가장 좋은 방법은 잘 만드는 것이지 크게 만드는 것이 아니다.

最大的失败就是放弃。

(Zuìdà de shībài jiù shì fàngqì.)

가장 큰 실패는 바로 포기하는 것이다.

영포자도 중국어 고수 되는 8가지 방법

# 나는
## 중국어로
## 더 넓은 세상을
## 만났다

# 내 인생을 바꿔 준 중국어야, 씨에씨에

## 순간의 선택이 인생을 좌우한다

프랑스의 철학자 사르트르는 "인생은 B(Birth)와 D(Death) 사이의 C(Choice)다."라는 유명한 말을 남겼다. 우리는 태어나서 죽을 때까지 크고 작은 결정을 내리며 살아간다. 오늘의 결정이 내일의 나를 만든다. 결정적인 순간의 선택이 인생을 통째로 바꾸기도 한다.

나는 작고 사소한 문제 앞에서는 종종 우유부단할 때가 있다. 미용실에 갈 때마다 이번에는 염색을 할까, 파마만 할까, 앞머리를 자를까 기를까 고민한다. 분식집에 가서 떡볶이를 먹을까 쫄면을 먹을까 결정하는 데도 시간이 오래 걸린다. 그런데 희한하리만큼 큰 문제 앞에서 나는 늘 과감했다. 일반적으로 생각하면 훨씬 더 신중하고 조심스러워야 할 큰일 앞에서는 오히려 고민을 짧게 끝냈다.

고등학교 3학년 시절 진로를 결정할 때 부모님은 내가 선생님이 되기를 바라셨다. 누구보다도 나의 성향을 잘 아시는 부모님이었다. 하지만 그 당시 나는 선생님이 되고 싶지 않았다. 중학교 3학년 때 존경하는 담임 선생님을 만나 잠깐 선생님의 꿈을 꾼 적도 있다. 하지만 고등학교에 들어가면서부터는 절대 하고 싶지 않은 직업이 선생님이었다. 당시에 나는 매일 무서운 말투와 표정으로 아이들에게 공부와 대학만 말하는 게 선생님의 일이라고 여겼다. 시달려도 같은 성인들에게 시달리고 싶지, 아이들한테 무시당하며 시달리고 싶지 않았다.

나는 사범대나 교대를 가라는 부모님의 말씀을 끝까지 듣지 않았다. 수능 점수는 평소 모의고사보다 낮게 나왔다. 원래 원하던 학교에 지원할 점수가 나오지 않았다. 실망한 나는 깊은 고민 없이 들어갈 학교를 단번에 결정했다. 국제무역에 제2외국어까지 전공할 수 있다는 '국제통상학'이라는 명칭이 뭔가 글로벌한 느낌이라 맘에 들었다. 집에서 가까운 학교이면서 전공명이 '있어 보이는' 학과를 내 마음대로 골라 특차로 들어갔다. 수능 성적만으로 일찌감치 학교를 정해 놓으니 골치 아플 일이 없었다.

내 대학교 졸업 성적표를 보면 정말 가관이다. 1학년 1학기부터 2학년 1학기까지 세 학기 내내 학사 경고를 겨우 면한 수준이었다. 나는 수업도 열심히 듣지 않고 동아리나 학회 활동도 잘 참여하지 않았다. 그저 PC방이나 학생휴게실에나 들락거리며 빈둥거리던 한

심한 학생이었다. 후회 없이 찐하게 놀아 보지도 못했다. 그런데도 성적이 엉망이었다. 내가 목표로 하던 학교도 아니었고 전공에 대한 깊은 고민 없이 입학했으니 무기력이 하늘을 찔렀다. 그냥저냥 하루하루를 때웠다. 그나마 중국어를 좋아하게 된 건 정말 신의 한 수였다.

중국에 다녀오고 나서야 '이러다간 취업도 못 하겠구나' 하며 정신을 차렸다. 발등에 불이 떨어지고 나니 그제야 학점을 관리할 생각이 들었다. 덕분에 3학년 2학기부터 졸업 학기까지 내리 세 학기는 성적 우수 장학생이었다. 그래도 1~2학년에는 소홀했던지라 4.5 만점에 3.52점이라는 볼품없는 학점으로 졸업을 했다.

## 중국어는 내 인생 최고의 선택이다

나는 1학년 때 전공 언어로 일본어와 중국어 중 하나를 선택해야 했다. 둘 다 처음이어서 첫 학기에 두 과목을 모두 수강했다. 다른 사람들은 일본어가 더 쉽다고 했지만 나는 중국어가 더 재미있고 쉽게 느껴졌다. 성적표에는 일본어 성적 C가 끝까지 남아있었다. 그래도 두 과목 수업을 다 들어본 것은 잘한 선택이었다. 그러지 않았다면 나는 바로 일본어를 고른 후 나에게 맞지 않아 고생을 했을지도 모른다. 잘 맞았다 하더라도 내 인생은 지금과는 다른 모습이었을 것이다.

그때 선택한 중국어가 내 인생을 바꿔 주었다. 내가 중국어를 선택했지만 중국어 역시 나를 선택해 주었다는 생각이 든다. 내 인생의 선택지 C는 바로 중국어(Chinese)였다. 삶의 중요한 순간마다 나는 중국어라는 선택지를 활용했다.

내가 중국 유학 지역으로 정한 창춘은 행운의 도시였다. 중국으로 떠난 지 몇 개월이 되지 않아 중국 전역에 사스라는 무서운 전염병이 돌았다. 베이징과 상하이로 연수를 떠난 친구들은 모두 짐을 싸서 한국으로 돌아갔다. 다행히 창춘이 위치한 지린성 지역은 상황이 심각하지 않았다. 학교는 폐쇄되지 않고 그대로 수업을 이어 갔다. 아침마다 학교 식당에서는 마란껀(马兰根)이라는 정체불명의 약초탕을 대량으로 끓여 학생들에게 한 바가지씩 마시게 했던 기억이 난다.

또 하나의 행운은 바로 왕옌링이라는 교수님과 인연을 맺게 된 것이다. 나는 일부러 창춘의 대학교 중에서도 유학생이 제일 적은 지질대학 캠퍼스를 골라 갔다. 왕옌링 선생님은 그 지질대학의 유학생을 총 관리하는 분이었다. 선생님은 항상 엄마처럼 외국인 학생들의 일거수일투족에 관심을 보여 주셨다.

하루는 내가 몸이 너무 아파 수업에 가지도 못하고 누워 있었다. 그때 선생님은 의사인 남편을 대동해 내 방에 찾아와 진찰을 받게 해 주셨다. 약을 지어 주면서 손까지 잡아 주고 가셨다. 내가 귀국하기 직전에는 집으로 초대해 직접 요리를 대접해 주시기도 했다.

나는 중국에서 공부하며 아르바이트도 했다. 학교 선배가 한국에 있는 비즈니스 월간지의 기자를 소개시켜 주었다. 베이징, 선전 등 대도시에는 유학생 통신원이 있는데 이번에 창춘에서도 통신원을 찾는다고 했다. 내가 중국에 간 지 겨우 한 달이 되었을 때였다. 아마 한국인 유학생이 더 많은 대도시의 학교에 갔다면 나에게 그런 기회는 없었을 것이다.

나는 학업을 중단하지 않고 끝까지 창춘에서 공부할 수 있었던 것에 너무나 감사하다. 공부를 하며 아르바이트를 병행할 수 있었던 것도 엄청난 행운이었다. 용돈도 벌고 빠른 실력 향상이라는 두 마리 토끼를 잡을 수 있었다. 창춘에 갔던 것은 정말 최고의 선택이었다.

## 중요한 순간마다 도움을 준 중국어

나는 처음 대한항공 승무원 최종 면접에서 떨어졌을 때 바로 외국 항공사 준비와 병행해야겠다고 마음먹었다. 마카오항공의 채용 공고를 보고 바로 "만세!"를 불렀지만 한편으로는 불안한 마음도 있었다. 내 인식 속에 마카오는 홍콩 마피아 조직의 본거지, 음침하고 무서운 이미지였다. 인터넷을 뒤져 보니 다행히 그것은 내 오해였다. 마카오는 생각보다 훨씬 멋진 곳 같았다.

그동안 나는 큰 항공사만 목표하고 있었지만 바로 마음을 고쳐먹었다. 1년 이상의 타 항공사 비행 경력만 있으면 경력직 승무원으로 대한항공에 지원할 수 있다는 것을 알게 되었다. 나는 마카오항공에서 비행을 시작해 보겠다고 다짐했다. 일이 나에게 맞으면 이 경력을 가지고 대한항공에도 지원해야겠다고 계획했다. 내가 대한항공 최종 면접에서 떨어진 것은 다른 이유보다도 많은 나이 탓이었을 거라고 생각했다. 실제인지 아닌지는 모르지만 스스로는 그렇게 판단했다. 신입으로 입사하는 사람들의 평균 연령은 낮았지만 경력직은 30대도 있다는 것을 알아냈다.

나는 계획대로 마카오항공의 경력을 가지고 대한항공에 지원했다. 면접을 볼 때 나의 높은 중국어 급수가 큰 도움을 주었다. 면접관은 나의 중국어 실력을 크게 칭찬해 주었다. 그리고 나에게 중국에서 생활하면서 중국어 외에 어떤 점을 배웠는지 물어보았다.

"저는 처음으로 부모님과 떨어져서 해외에서 혼자 지냈습니다. 중국에서는 가스비나 전기요금을 제때 내지 않으면 바로 끊어버리는 통에 한두 차례 고생을 한 적이 있습니다. 저는 중국에서 생활하면서 책임감이라는 단어의 진짜 의미를 배우고 돌아왔습니다."

나는 큰 선택의 순간에 오랫동안 붙들고 고민하지 않았다. 어떤 기회가 주어졌을 때 진짜 내 마음이 시키는 대로, 간절함이 향하는 방향대로 재빨리 결정하고 살아왔다. 내 인생을 결정지은 큰 선택의 순간마다 나는 중국어를 적극 활용했다. 다른 선택지를 택했다면 지금과는 또 다른 인생을 살았을 것이다. 어쩌면 지금 모습보다 더 나은 삶이었을지도 모른다. 하지만 나는 스스로 내린 결정들을 후회하지 않는다. 중국어를 선택하고 살아온 삶이 다이내믹하고 재미있었기 때문이다. 내 인생을 바꿔 준 중국어가 나는 정말이지 너무 고맙다.

# 중국어가
# 이렇게 쓸모 있을 줄이야

**중국어 덕분에 더욱 인정받을 수 있었다**

"강윤주 씨, 지금 빨리 앞쪽으로 오세요."

"네, 사무장님. 알겠습니다."

입사한 지 얼마 되지 않아 이코노미석에서만 근무할 수 있었을 때였다. 갑자기 사무장님이 인터폰 호출로 나를 찾으셨다. '무슨 문제가 있나? 왜 갑자기 나를 부르시지?' 혹시 실수라도 해서 혼나는 게 아닐까 걱정을 하며 사무장님을 찾아갔다.

"윤주 씨, 중국어 잘하지요?"

"아, 네! 할 줄 압니다."

"일등석 승객인데 영어가 전혀 안 되시네. 오늘 메뉴리스트에는 중국어 안내가 없어요. 윤주 씨가 안내 좀 해 드리고 식사는 어떻게 하실 건지 여쭤 봐요. 주문 받아 주고요. 필요한 게 있으시면 말씀해 달라고 꼭 전해 드리고."

"네, 알겠습니다!"

꾸중을 듣는 게 아니어서 일단 안심이었다. 비행을 갓 시작했을 때는 엉뚱한 실수를 해서 종종 호되게 혼나기도 했기 때문이다. 그리고 일등석 메뉴리스트를 받아 들었다. '우와, 일등석에서는 이런 서비스를 하는구나.' 아직 이코노미석 서비스도 막 배우고 있을 때라 일등석 서비스 안내지를 보는 것만으로도 신기했다.

"니하오. 제가 잠시 중국어로 오늘 제공되는 식사와 서비스를 안내해 드려도 괜찮으십니까?"

나는 그렇게 일등석 승객과 대면하고 식사 주문을 받았다. 갤리에서 내 모습을 지켜보던 사무장님이 흐뭇하게 웃고 있었다.

"윤주 씨, 혹시 산둥반도 출신 아니죠? 하하하. 잘했어요, 너무 고마워. 혹시 또 도움이 필요하면 부를게요!"

"네, 사무장님. 언제든지 불러 주십시오!"

나는 그날 이코노미석과 일등석을 뛰어다니며 열심히 일했다. 사무장님과 손님께 칭찬을 하도 들어 밥을 안 먹어도 배부를 정도였다.


한번은 마카오에서 비행을 할 때였다. 회사 복도에서 마주친 대만 승무원이 나를 보자마자 달려왔다.

"에리카, 너 몰카 당한 거 알아?"

"뭐? 뭐를 몰래 찍혀?"

"대만 야후에 들어가서 검색해 보면 나오는데, 흐흐흐. 그 승객이 우리 회사를 되게 싫어하나 봐."

"뭐? 무슨 소리야?"

나는 무슨 말인가 해서 어안이 벙벙해졌다.

"'에어마카오 탑승 후기'라고 올리면서 회사 욕을 써 놨던데. 그런데 거기에 '그나마 에어마카오에 대한 나쁜 인상을 한 번에 싹 씻어 준 친절한 승무원이었다'라고 쓰여 있고 에리카 사진 올렸더라."

나는 집에 가서 대만의 포털 사이트를 다 뒤져 사진을 찾아냈다. 그 승무원 말대로 회사 욕과 함께 내 칭찬이 올라가 있었다. 언제 어느 비행에서 찍힌 건지 몰라 당황스럽고 좀 무서웠다. 한편 '내가 그래도 한 친절하기는 하지'라는 생각이 들어 으쓱했다.

## 힘들었지만 내 인생에서 빼놓을 수 없는 승무원 생활

비행기에서 정말 험한 꼴을 본 적도 있다. 마카오에서 한국으로 향하는 비행기에 승객들이 막 탑승을 시작했다. 그날 승객 명단을 보니 대부분이 한국인이었다. 출발 시각은 새벽 2시라 '여행을 마치고 귀국하는 비행이니 대부분 피곤해서 주무시겠네. 아주 고요한 비행이 되겠구나'라고 생각했다. 하지만 내 예상은 완전히 빗나

갔다. 탑승을 시작하고 거의 초반에 들어온 한 승객이 이코노미석 맨 앞자리에 앉았다. 그런데 짐을 짐칸에 올리지 않고 복도에 턱 놓고는 그냥 자리에 앉는 것이었다.

"손님, 가방은 위에 올려 주세요."

돌아오는 답변은 황당한 욕설이었다. 나는 심호흡을 하고 웃으면서 말했다.

"무거우시면 같이 도와드릴게요."

다시 끔찍한 욕설이 돌아왔다. 나는 부글대는 속을 누르며 짐을 들었다. 가방은 크기만 컸지 텅 비어 있는 듯 가벼웠다. 짐을 위로 올려주면서 '이 사람 오늘 조심해야겠다' 싶었다. 전체 승무원에게 예의주시할 승객이라고 알렸다. 아니나 다를까, 조금 뒤 중국 승무원이 나에게 황급히 다가왔다.

"에리카, 저 사람 말이야. 내가 한국어는 못 알아듣지만 욕하는 느낌은 알잖아. 지금 되게 이상해."

다가가 보니 그 승객은 중얼중얼 욕을 하면서 "이 비행기 오늘 폭파시켜 버릴 줄 알아."라고 했다. 이미 비행기는 문을 닫고 활주로로 이동하고 있었다. 나와 사무장은 바로 기장에게 알렸고 기장은 바로 게이트로 돌아가기로 결정했다. 대만 사무장은 바로 승객에게 구두 경고를 했다. 그 승객은 더 심하게 욕을 하며 저항했다. 우리는 승객을 데리고 갈 공항 경찰대가 오기를 기다렸다. 나는 어쩔 수 없이 그 사람의 욕설과 사무장이 하는 경고의 말을 계속 통역해야 했다. 그 승객은 들이닥친 경찰에 끌려가면서도 끝까지 욕을 했다.

"거기, 한국인! 너! 나 잡아가면 가만 안 둔다! 너!"

이렇게 비행 근무는 마냥 좋을 수도 마냥 힘들 수도 없는 일들의 연속이었다. 승객과 동료들에게 인정을 받기도 하고 호되게 꾸중을 듣기도 하면서 나는 열심히 근무했다. 나는 정말 단순한 사람이어서 아주 작은 칭찬과 인정만 받아도 없던 호랑이 기운이 솟아났다. 그 힘으로 계속 더 잘하려고 열심히 했다. 모욕을 당하거나심하게 혼났을 때, 억울한 일을 겪었을 때는 그만큼 마음이 쓰리고괴로웠다. 그래도 내 인생에서 비행을 빼고 생각하기란 힘들만큼참 열심히 했다. 나는 한번 불이 붙으면 누가 말려도 듣지 않고 뛰어들어 몰입한다. 하지만 그러다 마음이 식으면 또 완전 차갑게 뒤돌아 버리고 절대 후회하지 않는다.

그렇게 울고 웃으며 영혼을 불태우던 비행을 하루아침에 스스로 그만두기로 결정했다. 누군가는 나에게 회사를 도대체 몇 군데를 다녔다 그만뒀다 하는 거냐며 끈기가 없고 나약하다고 한다. 스스로도 인정하는 나의 단점이다.

## 중국어로 자신만의 커리어를 만들어라

대한항공에서 비행을 할 때 내 또래의 승무원들은 대부분 나보다 선배였다. 내가 워낙 나이가 많은 상태에서 입사를 했기 때문이다. 나는 어린 선배들에게도 "언니, 언니." 하며 살갑게 대했다. 처음 보는 어린 선배가 사번만 보고 바로 말을 놓아도 '내가 좀 어려 보이나 보네' 하고 웃어 넘겼다.

연차가 쌓이고 또래 선배들과도 스스럼없이 지낼 수 되었을 때 나는 종종 갤리에서 그들과 이런저런 대화를 나누었다. 연령이 비슷하다 보니 대부분 고민하는 것들이 비슷했다. 회사에서 처한 위치에 대한 고민, 아이들 교육이나 양육에 대한 걱정, 언제까지 비행을 해야 하며, 퇴사를 한다면 그 이후에는 무엇을 하며 살아야 할지 등등.

나는 정말 다행히 쓸모 있는 언어, 앞으로 더욱 쓸모 있어질 언어인 중국어를 배워 놓았다. 그래서 큰 걱정 없이 사직서를 내고 나왔을지도 모른다. 나는 이제 다시는 회사에 들어가지 않을 것이다. 실상 경력단절녀가 된, 내일모레 마흔 살의 나를 쉽게 받아 주는 회사도 없을 테지만! 중국어를 가지고 새로운 나만의 커리어를 바로 만들어 갈 수 있으니 얼마나 다행인가.

# 중국어로 키워 낸
# 자신감 근육

## 나는 마냥 착해 보이는 모범생에서 벗어나고 싶었다

어렸을 때 내 별명 중 하나는 얼음공주였다. 삐쩍 마르고 하얀데다가 약간 잘난 척도 좀 하면서 쌀쌀맞은 모범생 스타일이었다. 여자 친구들보다는 남자 친구들이 더 나를 좋아하는 조금 재수 없는 아이였다. 그런데 지금은 전혀 쌀쌀맞지도 않고 삐쩍 마르지도 않았다. 오히려 남한테 싫은 소리도 잘 못하고 눈치도 엄청 많이 본다.

대한항공에서 갓 신입을 벗어났을 때쯤 어느 날, 서비스하는 승무원들을 관찰하던 팀장님이 이렇게 말했다.

"윤주 씨한테 유난히 승객들이 뭘 많이 시키는 것 같지 않아? 뭘 부탁해도 다 들어줄 것처럼 생겼잖아."

나는 순간 반박하고 싶은 마음이 들기는 했지만 너무나 사실이어서 반박할 수가 없었다. 나는 착하게 생긴 내 얼굴이 너무 싫었다. 웃지 않고 가만히 있으면 카리스마 있어 보이는 센 언니 스타일로 다시 태어나고 싶었다. 언제부터 내가 갑자기 자신감이 떨어지고 전에 없던 쭈구리(?) 모드로 변하게 됐는지 나는 정확히 알고 있다.

중학교 때 2학년, 3학년 연속 같은 반으로 배정받은 동급생이 있었다. 그런데 어느 날부턴가 그 아이가 주동자가 되어 나와 내 친한 친구들을 괴롭혔다. 그 아이는 공부를 꽤 잘하면서도 어울려 노는 친구들은 1~2년 유급을 한 아이들도 섞여 있는 소위 일진 날라리들이었다. 나와 내 친구들은 그 아이들이 왜 우리를 괴롭히는지도 모른 채 2년 동안 시달렸다. 날라리들은 대놓고 욕과 막말을 퍼부었다. 방과 후 청소를 할 때 화장실에 내 친구들을 불러놓고 물을 뿌리기도 하고 심지어 담배 불로 팔에 상처를 입히기까지 했다.

나중에는 그 아이들과 내 친구들 간에 패싸움이 벌어지기도 했다. 제대로 싸울 줄도 모르는 순둥이 친구들은 숨을 죽이고 학교생활을 해야 했다. 그래서 나는 중학교 시절을 떠올리면 좋은 기억보다는 무섭고 어두운 느낌이 더 많이 남아있다. 3학년 때 담임 선생님은 그런 상황을 빨리 파악하고 나와 친구들을 최대한 보호해 주셨다. 그래서 나는 선생님께 감사한 마음을 평생 잊지 못한다. 어쨌든 나는 그때 받은 상처로 인해 고등학교에 들어가면서 한 가지 다

짐을 했다.

'공부를 잘하는 사람이 되지 말자. 주목받는 사람이 되지 말자. 반장, 부반장을 하지 말자. 적당히 놀 줄 아는 사람이 되자.'

어리석지만 정말로 그렇게 생각했다. 그리고 그것을 실천에 옮겼다. 몇 번이나 친구들을 따라서 몰래 야간 자율학습을 빼먹고 도망 나갔다. 그러다 한번은 선생님께 걸려서 다음날 기합을 받았는데 그러면서도 기분이 나쁘지 않았다. 적당히 친구들과 어울리며 '나도 전형적인 범생이에서 벗어난다'는 쾌감이 있었다.

## 실패에 나약한 내가 싫었다

내가 다녔던 고등학교는 동아리 활동이 활발했다. 당시 학생부장 선생님은 무용 전공의 체육 선생님이었다. 나와 몇 명의 아이들을 뽑아 무용부에 들어오라고 하셨다. 엄마는 썩 반기지 않으셨지만 워낙 마르고 체력이 약한 나를 위해 허락해 주셨다. 점심시간, 저녁시간마다 밥을 코로 마시고 뛰어가서 무용 연습을 했다. 공부는 뒷전이고 매일 모여서 점프를 하고 다리 찢기를 했다. 나처럼 뻣뻣하고 운동이라곤 전혀 할 줄 모르는 아이도 연습을 하니 동작이 나왔다.

점점 재미가 붙어 주객이 전도가 되다 보니 성적이 곤두박질쳤다. 2학년 말쯤 참다못한 엄마는 더 이상 무용 연습을 가지 말라고 불호령을 내리셨다. 나는 그제야 공부를 제대로 시작했다. 뒤늦게 불이 붙어 3학년 때 열심히 성적을 끌어올렸다. 모의고사에서 전교 13등까지 나왔다. 그러다 적신호가 들어왔다.

고백하기 정말 부끄러운 이야기이지만 나는 수능 당일 바지 속에 성인용 기저귀를 입고 교실에 들어갔다. 수능 시험 며칠 전부터 화장실에 다녀와도 또 가고 싶은 증상이 멈추지를 않았다. 병원에 가 봐도 별 이상이 없다고 했다. 심리적인 문제라고만 했다. 나는 그동안 열심히 하지 않다가 뒤늦게 욕심을 냈다. 더 잘해내고 싶은데 부족함은 알겠고 시간도 촉박하다고 생각하니 몸에서 이상 반응이 나오고 말았다.

다행히 걱정했던 불상사는 일어나지 않았다. 하지만 워낙 신경이 분산되어서 그랬는지 점수가 모의고사보다 몇십 점 낮게 나왔다. 나는 그날 밤 손에 잡히는 대로 물건을 벽에 던지며 울고불고 난리를 쳤다. 그때가 나의 코를 납작하게 꺾은 최초의 사건이었던 것으로 기억한다. 내가 찍은 도끼에 발등을 찍힌 느낌, 뭔가 뒤통수를 제대로 맞았다는 느낌을 처음으로 생생하게 받았다.

그후 대학교 4학년 때 봉사활동에 참여하면서 스스로 자격지심이 엄청나게 많은 사람이라는 것을 다시 한번 깨달았다. 당시 나는 미래숲이라는 청년 봉사 단체에서 활동을 했다. 면접을 통해서 선발된 학생 대부분이 SKY 또는 명문대학 학생들이었다. 나는 누가 뭐라 하지 않았지만 스스로 주눅이 들었다. 실제로 다른 학생들이 어떤 사람들이었는지 학교 간판 외에는 아는 것이 없었다. 하지만 내 눈에는 다 예쁘고 잘생긴 데다 똑똑하고 부티가 줄줄 흐르며 자신감이 넘치는 학생들이었다. 나는 자꾸만 그들 앞에서 자신감이 없어졌고, 스스로 조용히 묻어가는 학생 중 한 명이 되려고 했다. 심지어 내가 그들 중 학생 대표로 뽑혔음에도 처음에는 '아니, 내가 왜?'라고 생각했다. 겉으로 내색을 하지 않았지만 심각하게 자신감 없고 자격지심이 가득했다.

여성이 주를 이루는 회사에서, 남녀차별이 없는 직종에서 근무해야겠다고 마음먹고 승무원이라는 새 도전을 시작했을 때도 그랬다. 승무원을 준비하면서 처음의 자신만만했던 나는 시간이 지날수록 자꾸만 작아지고 초라해졌다. 그해는 국내 항공사 입사 지원 나이 제한이 폐지된 첫해였다. 나는 그 수혜자가 되고 싶었다. 그러나 막상 면접장에 가 보니 나보다 키 크고 예쁘고 어린 지원자들이 정말 많았다.

나는 중국어라면 자신 있었지만 영어가 약해서 걱정이었다. 그런데 원어민 뺨치도록 유창하게 영어를 구사하는 유학파들은 또 왜 그리 많은지…. 면접에서 탈락하는 횟수가 늘어나면서 나의 콧대는 완전히 무너졌다. 세상에서 내가 가장 못난 사람 같았다. 거울을 보면 단점만 보였다.

비행을 하면서도 마찬가지였다. 누구나 실수를 할 수 있는데,

나는 실수를 하면 자책감이 오래 가는 편이었다. 쌍둥이를 출산하고 오랜만에 복직을 했을 때는 신입으로 돌아간 것처럼 어리바리한 내 모습을 마주하기가 괴로웠다. 후배들이 모여서 수다를 떨고 있으면 마치 내 흉을 보는 것 같은 생각이 들었다. 그래서 안 할 실수도 더 하곤 했다. 다시 정상궤도로 돌아가기까지 몇 개월의 시간이 걸렸다.

## 중국어가 내 자신감을 회복시켜 주었다

살면서 자존감이 바닥으로 고꾸라졌다가 다시 올라가기를 반복했다. 그때마다 자신감 회복의 중심에는 유일하게 믿는 구석, 중국어가 있었다. 대학 입시에서 실패를 경험했지만 중국어를 사랑하게 되면서 그것을 극복했다. 중문과를 전공하지 않고 국제통상학을 전공한 것도 나에게 딱 맞았다. 중국의 정치, 경제, 무역 실무와 같은 전공 수업들을 중국어 원어로 들었다. 평소 문학을 좋아하지 않는데 고시(古詩)나 한문(漢文)을 배우지 않고 실용적인 중국어를 더 많이 배웠기 때문에 훨씬 좋았다.

봉사 단체에서 처음에는 주눅이 들어 있었지만 학생 대표를 하며 인정을 받고 자격지심을 극복했다. 내가 학생 대표로 뽑힌 것도 중국어 덕분이었다.

예쁘고 센스 있으면서 일도 척척 잘해내는 승무원들 사이에서 나는 언어가 능통한 사람으로 확실하게 인정받았다. 감정 노동의 대표 직군인 승무원을 하면서 내가 내세울 수 있는 게 단 한 가지도 없었다면, 나는 아마 멘탈이 가루가 되어 버렸을 것이다. 지금은 중국어를 배우지 않은 내 모습을 상상하기 어려울 만큼 나는 중국어를 제대로 배운 것이 살면서 가장 잘한 일이라고 할 수 있다.

# 나는 중국어로
# 더 넓은 세상을 만났다

## 세계 여행은 나의 오랜 꿈이었다

"너는 어른이 되면 무엇을 하고 싶니?"

아주 어릴 때부터 이런 질문을 받을 적마다 내 대답은 매번 달라졌다. 초등학교 1학년 때는 부모님이 "변호사가 좋은 직업"이라고 하셔서 무슨 일을 하는 건지도 모른 채 변호사가 장래희망이라고 했었다. 피아노 치는 게 너무나 좋았던 초등학교 5~6학년 때는 피아니스트가 되고 싶었다. 중학교 3학년 때는 진정으로 존경할 수 있는 담임 선생님을 만나게 되었고, 그것을 계기로 잠깐 선생님이 되고 싶기도 했다. 그러다가 고등학생이 되면서는 오히려 하고 싶은 일이 없어졌다. 그저 공부를 열심히 해서 좋은 대학에 가는 것만이 나의 목표가 되었다. 이렇게 나는 자라면서 꿈이 커졌다 사라졌다

했다. 하지만 단 하나, 한 번도 사라지지 않았던 희망사항이 있었다. 바로 세계를 여행하는 것이었다.

TV 채널을 돌리다 우연히 다른 나라의 광경을 소개하는 장면이 나오면 나는 그 자리에 앉아 입을 벌리고 시청하는 데 여념이 없었다. 아버지는 매일 신문을 열심히 보셨는데, 다 보신 후 탁자에 올려 둔 신문은 늘 내 차지였다. 신문이나 어머니의 잡지를 뒤적이다가 외국의 사진이 있으면 그 부분을 오려서 스케치북에 붙였다. 그러곤 형광펜이나 색연필로 나라 이름, 수도, 위치 등을 썼다. 별표, 하트 등으로 사진 주변을 꾸미고 예쁜 스티커로 장식도 하면서

| 그동안 모은 세계 각국의 여행 기념 자석들

나만의 스크랩북을 만들었다.

그러다 나의 꿈은 결국 이루어졌다. 승무원이 되어 전 세계 수많은 나라들을 가게 되었다. 일본, 중국, 태국, 필리핀 등 가까운 아시아 국가들은 물론 미국 전역의 많은 도시들을 내 집 드나들 듯 돌아다녔다. 유럽 대부분의 주요 도시를 방문해 보았다. 가장 멀리는 브라질의 상파울루까지 가 보았다. 세계지도를 펼쳐 놓고 다녀온 국가를 체크해 보니 대략 40개국이 넘는 듯하다.

몇 년간 생활했던 중국을 제외한 다른 나라에서는 오랜 기간 체류하며 현지인처럼 생활하고 경험해 보지는 못했다. 하지만 세계 곳곳을 다니며 실제로 보고 느끼고 경험한 것들을 통해 세상에 대한 열린 시각을 가질 수 있게 되었다고 확신한다.

가 본 많은 국가들 중 중국은 단연 나에게 제2의 고향이다. 대학교 1학년 때 학교에서 진행하는 프로그램을 통해 배를 타고 처음 중국에 갔다가 바로 사랑에 빠졌다. 무질서 속에 그들만의 질서가 있었다. 소달구지 옆에 자전거가, 그 옆에는 슈퍼카가 같이 달리는 장면이 눈앞에서 수시로 펼쳐지는 중국은 정말 묘한 매력의 나라였다.

## 기억에 남는 세계의 여행지들

중국 외에도 기억에 남는 곳은 인도의 뭄바이다. 수년 전 유명한 예능 프로그램 〈무한도전〉의 멤버들이 뭄바이의 빨래터 도비 가트 (Dhobi Ghat)에서 미션을 수행하는 것을 본 적이 있다. 나도 10년 전 그곳에 다녀왔었다. 그런데 당시 나는 이루 말할 수 없는 참담함을 느꼈다.

그 빨래터에서는 어린아이들을 포함한 수천 명의 일꾼들이 어마어마한 양의 빨랫감을 가지고 하루 종일 씨름하고 있었다. 빨랫감이 매우 크고 무거워서 그들은 온몸을 던져 가며 살인적인 노동을 감내하고 있었다. 그 광경이 몹시 비현실적으로 느껴져 마치 그들이 집단 퍼포먼스를 하고 있는 것 같은 착각이 들었다.

같은 하늘 아래에 태어난 같은 사람인데, 왜 저들은 쉴 새 없이 온몸을 던져 수십만 벌의 옷을 빨래하고 있을까? 나는 무슨 권리로 저 사람들을 동물원 안의 원숭이 보듯 바라보고 있는 것일까? 함께 그곳을 방문했던 사람들과 기념사진을 찍으며 웃다가 죄스러운 마음이 들어 더 이상 사진을 찍을 수가 없었다. 호텔로 돌아오는 내내 나는 아무 말도 할 수 없었다. 그때의 기억은 10년이 지난 지금도 머릿속에 생생하다.

캄보디아 시엠레아프의 톤레사프 호수도 기억에 남는다. 그곳은 수상가옥이 밀집한 지역이다. 과거에 베트남의 공산화를 피해 넘어온 보트피플들이 떠돌다 자리 잡은 곳이다. 나는 톤레사프 호수에 두 번 가 보았다. 2010년에 처음 갔을 때는 너무나 열악한 주거 환경에 마음이 무거웠다. "1달러! 1달러!"를 외치며 끈질기게 매달리는 어린아이들이 굉장히 많았다. 생계에 바쁜 부모들이 무방비로 방치한 아이들이었다. 그들은 어쩔 수 없이 관광객들에게 돈을 구걸하며 하루를 보내고 있었다. 끼니를 거를 정도로 형편이 어렵고 교육의 혜택도 제대로 받지 못해 범죄나 마약, 성매매의 위험에 노출되어 있다고 했다. 안내해 주시던 한국 사장님이 절대로 불쌍하다고 돈을 주면 안 된다고 했다. 한 명에게 주는 즉시 수십 명의 아이들이 몰려들어 위험해질 수도 있다고 했다.

그때 배를 타고 수상가옥을 돌아보다가 한국어로 쓰인 '다일공동체'라는 푯말을 보았다. 다일공동체뿐만 아니라 프랑스의 교육기관도 눈에 띄었다. 어린아이들을 대상으로 선교와 교육, 급식 활동을 펼치고 있다고 했다. 참담한 마음에 약간의 안도감이 들었다.

그후 2016년에 톤레사프 호수를 다시 방문했다. 과거의 참담한 모습을 상상했던 나는 정말 깜짝 놀랐다. 6년 전에는 대부분의 아이들이 다 찢어지고 더러운 옷을 입고는 알루미늄 대야를 배처럼 타고 돌아다니며 구걸을 하고 있었다.

그런데 이제는 아이들이 비교적 멀끔한 교복을 입고 책가방을 메고 학교에 가는 것이었다. 엄마가 기다란 배 위에 아이를 태우고 열심히 노를 저어 학교에 데려다주는 모습을 보았다. 도저히 사람이 살 수 없을 것 같아 보였던 수상가옥들이 단정하게 정돈되어 가고 있었다.

게다가 그들은 자립하는 방법을 배운 것 같았다. 톤레사프 호수는 세계에서 가장 넓은 호수여서 얼핏 보면 바다처럼 보인다. 배를 타고 드넓은 호수를 달려가다 보면 정글 같은 곳이 나온다. 그곳에 '맹그로브 숲 투어'를 만들어 놓았다. 쪽배를 타고 정글 투어를 하는 것이다.

투어를 진행하는 청년들은 모두 훈련을 잘 받아 굉장히 에너지가 넘쳤다. 그들은 매우 친절하게 관광객들을 안내해 주었다. 우리가 맹그로브 숲에 도착했을 때 마침 비가 조금씩 내렸다. 우산을 받쳐 들고 같이 배를 탄 사람들과 노래를 부르며 정글 속을 유유히 떠다니는 기분이란! 마치 신선놀음하는 선녀가 된 것 같았다.

6년 전 찢어진 옷을 입고 나에게 매달려 "1달러!"를 외치던 어린아이가 이곳에서 관광객들에게 친절을 베풀고 추억을 남겨 주고 있을지도 모른다는 생각이 들어 마음이 따뜻해졌다. 교육의 힘이란 이렇게 큰 것이구나 생각했다. 얼굴도 이름도 모르지만, 내 나라도 아닌 빈국 캄보디아에까지 와서 영혼을 구제하고 있는 분들께 감사와 존경심이 절로 들었다.

## 내 시야를 넓혀 준 중국어

나는 중국어를 잘한 덕분에 두 군데 항공사에서 비행을 하며 넓은 세상을 만났다. 세상을 바라보는 시야를 넓힐 수 있었다. 그리고 언젠가는 꼭 내 이름을 딴 장학재단을 만들고 싶다는 꿈을 가지게 되었다. 너무 가진 게 없어서 배움의 기회조차 얻지 못하는 학생들에게 도움을 줄 수 있었으면 좋겠다. 어려운 경제 여건 때문에 세상을 바라보는 시야가 좁을 수밖에 없는 학생들이 눈을 크게 뜰 수 있도록 힘이 되어 주고 싶다. 장학재단의 도움을 받아 공부를 지속하고 사회에서 제 역할을 해내는 장학생을 보면 얼마나 뿌듯할지 상상만 해도 벅차오른다. 또 그 학생이 재단을 통해 다른 학생까지 도와줄 수 있다면 그보다 더 큰 보람이 있을까?

우리나라 학생들뿐만 아니라 우리나라에 와서 공부하는 빈민국의 유학생들에게도 장학 혜택을 줄 수 있는 재단을 언젠가는 꼭 만들고 싶다. 우리나라에서 마음껏 공부하면서 한국문화를 느낄 수 있도록 도와주고 싶다. 훌륭한 글로벌 인재로 성장해 우리나라와 자국과의 관계를 돈독하게 이끄는 리더가 될 수 있도록 지원하고 싶다.

# 중국어는 모든 것을
# 가능하게 해 준 필살기다

## 평생 가는 나만의 필살기를 찾아라

나는 지금 중국어를 가르치고 있다. 아무래도 가장 긴 경력이 승무원이다 보니, 항공사에 입사하고 싶어 하는 젊은 여성들이 종종 나를 찾아온다. 그들은 나에게 중국어도 배우면서 실제 비행에 대한 이야기, 입사에 필요한 조언 등을 구하기 위해 오는 것이다.

그런데 취업을 준비하면서 자신감을 잃고 방황하는 학생들을 너무 많이 보게 된다. 나도 경험해 본 과정이기에 그 마음을 충분히 이해한다. 하지만 지나고 생각해 보니 취업은 스스로의 가치를 낮춰 버리면서까지 맹목적으로 매달릴 일은 아니었다. 그렇게 고생하며 취업이 된다 한들 자존감 도둑은 계속해서 호시탐탐 기회를 노리고 있을 것이다. 스스로가 얼마나 소중하고 가치 있는 사람인지를 깨달았으면 좋겠다. 어떤 상황에서든 무너지지 않을 자신감과 패기를 갖출 수 있어야 한다.

자신감과 패기를 갖추려면 든든한 실력이 뒷받침되어야 한다. 꼭 중국어가 아니어도 된다. 10대, 20대의 어린 친구들이 빨리 자신의 장점, 무기, 필살기를 찾아냈으면 좋겠다. 나의 진짜 실력, 평생 가지고 갈 수 있는 필살기를 키워야 한다. 그것을 통해 더 행복한 삶을 살아가기를 나는 진심으로 바라고 응원한다. 나는 나를 찾는 학생들에게 그러한 희망의 메시지를 전달하는 선생님이 되고 싶다. 나 역시도 나의 가치를 더 높게 평가할 줄 아는 진짜 어른이고 싶다.


필살기는 처음부터 노력 없이 거저 주어지는 것이 아니다. 지금 당장은 부족하더라도 노력하면 만들어 키워낼 수 있는 게 능력이고 필살기다. 내 친구 P는 그 산 증인이다.

P는 현재 공무원 영어를 가르치는 스타강사다. P와 나는 승무원을 준비하던 시절 처음 만났다. 같은 나이에 뒤늦게 승무원을 준비하는 공통점이 있는 데다 말도 잘 통해 금방 친해졌다. 참 밝고 구김이 없어 보였는데 알고 보니 그녀는 참 악착같은 친구였다. 아버지가 사업에 실패하는 바람에 공부를 잘했는데도 대학에 갈 형편이 못 되었다고 한다. 그래서 낮에는 마트 행사요원, 전자제품 판매 등 닥치는 대로 아르바이트를 하면서 학비를 모아 서울에 있는

S여대에 들어갔다. 졸업 후 금융회사에 들어갔는데 여자에게 기회가 별로 없는 것을 알게 되었다. 그래서 승무원이 되겠다고 무작정 회사를 그만두었다. 우리는 똑같은 이유로 대책 없이 그만두고 뛰어든 것까지 서로 참 많이 닮았다며 낄낄 웃었다.

그녀는 160cm대 초반으로 키가 작았다. 그래서 국내 항공사보다는 외국 항공사를 가고 싶어 했다. 그런데 같이 영어 면접 준비를 하다 보니 P의 영어 실력으로는 면접에 통과하기가 객관적으로 많이 힘들어 보였다.

"나도 내 영어가 정말 답답해. 문장은커녕 단어도 안 떠오르는데 어떻게 답을 할 수 있겠어? 영어가 전혀 나오지를 않으니 어떡하지?"

그녀는 시험 보는 항공사마다 1차 면접에서 떨어졌다. P는 아무리 간절히 원한다 해도 결코 쉽게 넘을 수 없는 벽이 있다는 것을 바로 깨달았다.

그때 같이 외항사 면접 준비를 하던 한 살 어린 동생이 있었다. Y대를 졸업하고 20대인 그 당시에도 고급 외제차를 끌고 다니던 부유한 친구였다. 그녀는 좌절하고 있는 P에게 이렇게 말했다.

"언니, 나랑 같이 수능 영어 가르치는 일 할래요? 내가 학교를 좋은 데 나와서 쉽게 대형 학원 뚫고 들어갔는데 언니 넣어 줄게요."

그렇게 시작한 강사의 길을 P는 10년 넘게 계속 걸어가고 있다.

심지어 처음 소개해 준 동생은 몇 년 못하고 그만두었지만 P는 업계에서 승승장구하고 있다.

수능 영어를 가르치는 일에 자신감이 붙은 P는 회화가 부족함을 느끼고 호주에 갔다. 그곳에서 영어전문교사 자격증인 테솔도 취득했다. 나는 시드니 비행을 가서 P를 만난 적이 있다. 우리는 손을 붙잡고 해변을 걷고 또 걸었다. 해산물 시장에 가서 맛있는 음식을 배터지게 먹으며 수다를 떨었다. 몇 년 전 서로 답답한 현실에 하소연하던 우리가 이렇게 시드니에서 만나 회포를 풀고 있다는 것이 감격스러웠다. 귀국 후 P는 영역을 더욱 넓혀 공무원 영어 스타강사로 우뚝 서게 되었다.

## 중국어라는 필살기로 나는 많은 것을 이뤘다

우리는 백세시대에 살고 있다. 지금 직장인이라면 더더욱 나만의 필살기를 찾아야 한다. 더 이상 회사에서 나를 필요로 하지 않게 되기 전에, 내가 갈 곳이 없어지기 전에 반드시 당신만의 필살기를 찾아내길 바란다. 회사가 더 이상 비전을 제시해 주지 못한다고 생각되어 그만두고 싶지만 내세울 수 있는 게 아무것도 없어서 어쩔 수 없이 출근한다면 너무 비참하지 않은가? 은퇴 이후 60대, 70대가 되었을 때 무엇을 하며 남은 생을 의미 있게 살아갈 것인지 생각해 보았는가?

'이제 와서 이걸 배워 봤자 무슨 소용이 있겠어? 어디다가 쓰겠어?'와 같은 부정적인 마인드는 당장 버려야 한다. 내 가슴이 뛰는 일이 무엇인가 곰곰이 생각해 보길 바란다. 당장 쓸모없어 보이더라도, 하다 보니 시간 가는 줄 모르고 빠져드는 일이라면 그것이 필살기가 될 가능성이 크다. 지금은 가벼운 취미일지 몰라도 꾸준히 다듬고 갈고 닦으면 어느새 보석이 될 것이다.

나는 중국어라는 필살기가 있었기에 모든 것이 가능했다. 4학년 졸업반일 때 친구들은 당장 취업 때문에 도서관에서 토익 책과 전공서적만 붙들고 있었다. 반면 나는 내가 하고 싶은 활동에 다 참여했다. 중국에 다녀오느라 동기들보다 졸업이 2년이나 늦어졌다. 취업 시장에서 나이는 또 하나의 스펙이라 여겨질 만큼 무시할 수 없는 조건이었다. 하지만 나는 내세울 수 있는 나만의 무기, 중국어가 있었기에 크게 걱정하지 않았다. 그리고 결과적으로 내 판단이 맞았다.

나는 중국어라는 필살기가 있기에 앞으로도 모든 것이 가능할 것이다. 지금 나는 〈한책협〉의 코칭을 받아 책 쓰기를 진행하며 작가가 되는 길로 나아가고 있다. 〈한책협〉의 김태광 대표 코치는 900여 명의 작가를 배출한 우리나라 최고의 책 쓰기 코치이자 작가다. 23년간 200권이 넘는 책을 펴냈고 총 16권의 교과서에 그의 저서가 실렸다. 그의 코칭을 받은 수강생들의 원고는 매우 빠른 시기에 출판사와의 계약에 성공하고 있다. 뿐만 아니라 그의 코칭 그대로 제목과 목차가 출간될 정도다. 그래서 수강생들이 그에게 '김도사'라는 별명을 붙여 주었다.

내가 가진 중국어라는 필살기가 〈한책협〉 김도사님을 만나 더욱 커다란 세상 밖으로 나오고 있다. 나는 그동안 다른 사람들을 가르치면서 희열을 느끼고 중국어를 알려 주며 재능을 발견했다. 중국어라는 도구를 통해 책을 쓰는 작가가 되었다. '책 쓰기'라는 또 다른 필살기를 가지게 되었다. 내가 가장 좋아하고 잘하며, 더욱 잘하고 싶은 중국어를 통해 어떻게 더 많은 사람들에게 도움을 줄 수 있는지 알게 되었다. 그것을 통해 나 역시도 더욱 크게 성장할 수 있음을 깨달았다.

나는 중국어로 더 넓은 세상을 만났다

# 캐리어 끄는 여자에서
# 중국어 코치로

## 같은 직장인이지만 전혀 다른 승무원의 삶

"홍콩 여행 가려고 하는데 어디서 티켓을 사야 제일 저렴해요?"

"지난번에 지나가다가 승무원을 봤거든요. 윤주 씨 생각나더라고요. 뉴스에서 보니까 회사 분위기가 별로 안 좋은 거 같던데 어때요?"

여전히 많은 사람들이 나에게 이런 질문들을 한다.

"저도 티켓 싸게 사는 방법은 잘 몰라요. 인터넷에서 검색해 보시거나 어플 돌려 보시면 나올 거예요."

"벌써 그만둔 지 한참 돼서요. 과장된 부분도 있고 맞는 것도 있어요. 전체적으로 점점 개선되고 있다고 하던데 저도 모르겠네요."

나는 매번 이런 식으로 두루뭉술하게 대답하곤 했다. 참 대답하기 곤란한 질문들이다.

"승무원 할 때가 좋았어요? 아님 지금이 좋아요?"

이 질문도 참 많이 받는다. 승무원으로서의 삶과 지금의 삶은 180도 다르다. 승무원과 일반 직장인은 극명하게 다르기 때문이다.

승무원일 때 내가 느꼈던 장점 중 하나는 평일에 쉴 수 있다는 것이었다. 항공사 승무원들은 법적으로 한 달에 최소 8일의 쉬는 날이 보장된다. 일반 직장인 대부분은 토요일과 일요일, 공휴일에 쉰다. 승무원은 평일, 주말, 공휴일 구분 없이 스케줄에 따라 쉰다. 가끔씩은 운 좋게 한 달에 열흘 이상의 쉬는 날이 배정되는 때도 있다. 장거리 비행을 타이트하게 다녀오는 대신 한국에서 3~4일 연속으로 쉴 수 있는 스케줄도 있다. 그런 때는 여행을 다녀오거나 바빠서 미뤄놓은 일들을 처리한다.

쉬는 날이 불규칙하기 때문에 단점도 있다. 승무원은 가족, 친구들의 대소사를 함께하지 못하는 경우가 허다하다. 가족들은 대부분 '그러려니' 하고 이해를 하는데 그 속에는 '포기'가 담겨 있다. 사랑하는 가족이 큰일을 치를 때, 특히 슬픈 일을 겪었을 때 함께하지 못한다는 것이 때로는 가슴에 커다란 구멍을 내곤 한다.

나는 사람들이 아침부터 바쁘게 출근하는 평일에도 늦게까지 잠을 잘 수 있고 여유롭게 '아점'을 즐길 수 있어서 좋았다. 사흘의 쉬는 날을 이용해 제주도나 가까운 해외로 저렴한 여행을 다녀올 수도 있었다. 해외 현지에서 이색적인 경험을 쌓으며 소소한 행복을 만끽하기도 했다.

하지만 모든 일에는 양면이 있다. 새벽 밤샘 비행을 마치고 흘러내리는 화장을 지우지도 못한 채 아침 6~7시에 터벅터벅 집으로 돌아갈 때는 말할 수 없는 허무함이 느껴지곤 했다. 미국에 가면 잠을 자다가 엉뚱한 시간에 눈이 떠질 때가 있었다. 한국은 대낮인 시간이지만 현지는 늦은 새벽이었다. 룸서비스도 되지 않는 그 시간에 허기를 채우기 위해 어쩔 수 없이 인스턴트 라면에 물을 부을 때가 많았다.

다시 한국으로 돌아가는 비행시간에 맞춰 잠을 청해야 하는데 한번 깨면 다시 잠이 드는 게 쉽지 않았다. 침대에 누워서 억지로 눈을 감고 뒤척이다가 결국 한숨도 못 자고 일어나야 할 때가 많았다. 컨디션 조절에 실패하고서 진짜 일어나야 하는 시간이 되어서야 졸음이 쏟아질 때는 짜증도 덩달아 폭발했다.

비행을 하면서 나도 모르게 우울함이 점점 커졌던 이유 중 하나는 불규칙한 생활이 나에게 맞지 않아서였다고 생각한다. 나는 다른 사람들에게 도움을 주고 진정 어린 마음을 나눌 때야말로 큰 행복을 느끼는 사람이다. 승무원으로 일하면서 아무리 힘든 비행이라도 같이 일하는 동료들과 마음이 잘 통하고 손발이 잘 맞으면 집으로 돌아오는 발걸음이 그렇게 가벼울 수가 없었다. 나는 딱 정해진 업무만 하고 기계적인 서비스만 제공하는 승무원이 되기 싫었다. 일부러 밝게 행동하거나 가식적인 표현을 하는 것은 더더욱 싫었다. 그저 내가 담당한 구역의 승객들에게 한마디라도 더 살갑게 해 드리고 진심으로 서비스하려고 노력했다. 짧은 순간이라도 승객들과 따뜻한 눈빛, 서로 배려하는 말들을 주고받으면서 추억을 공유하고 싶었다.

하지만 어느새 바닥으로 떨어진 자존감은 나의 서비스 태도에도 영향을 미쳤다. 결국 내 마음이 편안해야 멋진 서비스도 나오는 것이었다. 점점 깊은 우울에 빠져 버린 나는 승객에게 꼭 필요한 말을 하는 것조차 귀찮아졌다. 초심대로 승객의 편안하고 안전함을 더 신경 쓰는 사람이고 싶었는데 점차 팀장님의 입맛에 맞는 사람, 승진을 위해서 물불 안 가리는 사람이 되기 위한 행동을 하는 내 모습이 너무 싫어졌다.

알고 보면 비단 나 혼자만의 문제는 분명 아니었다. 비행하면서 마음을 터놓고 지내던 선후배와 동료들도 대부분 낮아진 자존감과 감정 노동의 고통을 하소연했다. 물론 튼튼한 강철 멘탈로 비행 근무와 자신의 생활을 완전히 분리해 내는 대단한 승무원들도 있었다.

## 꿈꿀 수 있는 일을 하라

물리적인 시간을 따지면 승무원일 때 시간적 여유가 훨씬 많았다. 지금의 나는 매일 아침부터 오후 늦은 시간까지 수업을 할 때가 많다. 수업이 없을 때도 교재 연구며 프린트물 만들기, 필요한 자료 수집하기 등 수업을 준비하기 위해 할애하는 시간이 적지 않다.

그런데 오히려 요즘이 덜 피곤하고 더 행복하다. 휴식을 취하는 시간의 총량이 훨씬 적어지고 이것저것 신경 쓰는 일이 더 많아졌는데도 말이다. 밤에 잠을 자고 아침에 눈을 뜨는 생활이 나에게는 훨씬 잘 맞는 것 같다. 그리고 지금 하는 일이 내가 진짜 좋아서 하는 것이기 때문이기도 하다. 그래서 밤늦은 시각까지 수업 자료를 만들고 책을 보고 있어도 피곤하지가 않다. 무엇보다도 나를 괴롭히던 실체 없는 우울한 감정이 사라졌다.

나는 2014년에 김병수 작가의 《사모님 우울증》이라는 책을 읽었다. 의식주 걱정 없이 물질적으로 풍족하게 살지만 자신의 삶과 커리어에 대한 공허함을 호소하는 중년 여성의 심리를 다룬 책이었다. 사모님의 우울증은 다른 사람들에게는 배부른 푸념으로 비쳐질 수도 있는 고통이었다.

상황은 다소 다르지만 내가 겪은 감정도 비슷한 것이라고 생각했다. 일반적으로 보기에는 월급도 많이 주며 쉬는 시간도 많은 꿀 직장에서 배부른 소리를 하고 있는 셈이었다. 그래서 좋은 회사에서 나와 목이 터져라 수업하고 있는 지금의 내 모습이 어쩌면 다른 사람의 눈에는 상대적으로 더 초라하게 비칠지도 모른다. 하지만 나는 자신 있게 말할 수 있다. 나는 지금 행복하다고.

"윤주 사무장님 안녕하세요. 먼저 1년간 정말 감사드리고 고생 많이 하셨습니다. 처음 라인에 올라와서 힘들 때 사무장님과 나눴던 푸념들이 어느새 1년이 지났네요. 1년 동안 비행을 하면서 사무장님의 따뜻한 말들이 큰 힘이 되었습니다. 그리고 어제 육아 강의도 어떤 강의보다 유익했습니다. 사무장님과 같은 분들만 있으면 비행이 참 좋을 것 같아요. 사무장님, 1년간 부족한 남승무원 따뜻하게 챙겨 주셔서 정말 감사했습니다. 지금 같은 모습으로 항상 건강하시고, 사무장님께서 소망하시는 모든 일들 이루어지길 진심으로 기도하겠습니다."

몇 년 전 같은 팀에서 근무했던 남자 신입 승무원이 팀이 바뀔 때 나에게 준 이 엽서를 나는 아직도 소중히 간직하고 있다. 회사에서 엄청 잘나가는 사람도 아니었고 모든 면에서 완벽한 사람은 더더욱 아니었지만 내가 팀 안에서 자발적으로 도맡았던 역할을 잘 보여 주는 손편지였다. 지금은 비록 비행을 그만두었지만 작가로서, 중국어 코치로서, 인생의 선배로서 젊은 친구들에게 할 역할도 크게 다르지 않다고 생각한다.

요즘 고등학생들은 꿈이 없다고들 한다. 그때의 나도 딱히 꿈이 없었다. 그 당시 확고한 꿈을 키우고 오롯이 그 꿈을 이루기 위해 노력했더라면 지금 내 모습은 훨씬 달라져 있었을 것이다. 나는 인생의 후배들에게 꿈을 심어 주는 꿈 멘토가 되고 싶다.

또한 취업준비생들에게 직접적인 도움을 주고 싶다. 수십 군데 회사에 지원하고 면접을 보러 다녀 보았다. 심지어 붙어 놓고도 더 좋은 회사에 가고 싶어 포기했다가 이도저도 안 된 경험이 여러 번 있다. 그 과정에서 얼마나 울고 웃고 자신감이 올라갔다 바닥으로 내려갔다 했는지 모른다. 구직활동을 치열하게 또는 오래 해 본 사람들은 그 마음을 안다. 그래서 나는 취업을 준비하는 젊은 친구들에게 현실적인 도움과 함께 동기부여를 해 줄 수 있는 사람이고자 한다. 캐리어를 끌며 서비스와 추억을 제공하던 나는 이제 중국어로 꿈을 일으켜 세워 주는 코치가 되었다.

# 내 인생의 중국어,
# "곧 이륙합니다."

## 가슴이 시키는 대로 움직여라

내가 처음 승무원에 도전하겠다고 했을 때 누군가가 나에게 이렇게 말했다.

"회사 잘 다니고 있으면서 왜 갑자기 승무원? 그거 머리 나쁘고 얼굴만 반반한 애들이 하는 일 아닌가?"

다시 승무원을 그만두고 중국어 강사가 되기 위해 준비하고 있을 때는 또 이런 질문을 받은 적이 있다.

"아니, 그 좋은 직업을 그만두고 왜 중국어 강사나 하려는 거예요?"

이렇듯 승무원을 바라보는 사람들의 시선은 이중적이다. 그래서 그다지 의외의 질문은 아니었다. 사실 승무원은 대단한 직업도, 그렇다고 대놓고 무시당할 직업도 아니다. 수많은 직업 중 하나이고 조금 특수한 회사원일 뿐이다. 나는 그저 내 가슴이 시키는 대로, 내 인생을 나답게 살고 싶어서 다시 회사를 그만두고 새 도전을 하게 되었다.

나는 대학교 1학년 때부터 과외 아르바이트를 했다. 첫 과외는 중학교 2학년 남학생 2명에게 주 3회씩 영어와 수학을 가르쳐 주는 것이었다. 그 아이들은 정말 공부를 지지리도 하지 않던 개구쟁이들이었다. 공부 의지가 전혀 없었다. 나만 보면 해킹으로 돈을 벌 수 있는 방법만 늘어놓았다. 당장 그만두고 싶었지만 처음으로 버는 돈치고는 적지 않은 액수여서 포기가 쉽지 않았다.

그런데 열심히 몇 달을 가르쳤더니 두 녀석 다 성적이 조금씩 올라가는 것이었다. 그리고 무엇보다도 '내가 다른 사람을 가르치는 데 흥미와 적성이 있구나'라고 깨닫게 되었다. 나는 가뜩이나 재미없는 학교생활을 그만두고 반수를 해서 교대나 사범대로 다시 가고 싶어졌다. 그래서 고등학교 때 보던 《수학의 정석》을 풀다가 엄마에게 들켜버렸다. 다시 수능을 보고 싶다는 이야기를 꺼냈다가 소득 없이 등짝만 세게 얻어맞았다.

부모님은 진즉에 내가 선생님이 되기를 원하셨지만 내가 귓등으로도 듣지 않았었다. 스스로 겪어 보고 나서야 누군가를 가르치는 것이 내 적성에 맞는다는 걸 알게 되었다. 엄마에게 고백하고 등짝을 맞았던 그날 일은 하루 해프닝으로 끝났다.

## 중국어 코치로서 가장 뿌듯한 순간들

결국 나는 30대 후반부에 들어서 다른 사람을 가르치는 일을 하게 되었다. 내가 좋아하는 중국어를 가르치는 중국어 코치가 되었다. 어린아이부터 대학생, 취업준비생, 직장인, 사업가, 주부, 할머니, 심지어 중국어 선생님들까지 나의 학생이 되었다.

하나님이 나에게 티칭 능력을 달란트로 주셨나 보다. 나는 다른 사람들에게 핵심을 쉽게 전달하고 잘 이해시키는 능력을 가지고 있다고 자부한다. 감사하게도 학생들이 나의 수업을 정말 좋아한다. 매일 중국어 학원에만 오고 싶다고 말하는 어린 친구들도 있다. 성인 학생들도 중국어가 귀에 쏙쏙 들어온다며, 부탁하지 않아도 주변에 홍보까지 해 준다. 선물도 자꾸 챙겨 주신다.

교육원에서는 5~6년 경력의 베테랑 선생님들이 상대적으로 경력이 짧은 나에게 교수법을 배우기도 한다.

"쌤의 강의력은 정말 감탄할 수밖에 없네요. 타고 나신 듯해요."

동료 선생님에게 이런 메시지를 받았을 때 너무 뿌듯하고 기뻤다.

얼마 전에는 생각지도 못했던 카카오톡 메시지를 받았다. 대한항공에서 1년간 같은 팀이었던 S팀장님의 갑작스러운 연락이었다.

| 좋아하는 중국어를 가르치며 나는 매일 뿌듯한 나날을 보내고 있다.

"잘 지내시죠? 오늘 점심 먹다 강 사무장에게 중국어 과외받는다는 학생을 만났어요. 회사 다닐 때도 열심히 잘하시더니 나가서도 열심히 잘 살고 있는 것 같아 소식 듣고 역시! 하는 생각이 들었습니다. 건강하게 잘 지내시고 하시는 모든 일 대박 나시길 바랍니다."

나는 깜짝 놀랐다. 순간 심장이 멈추는 것 같았다.

"앗, 팀장님! 건강하시죠? 저도 잘 지내고 있습니다. 회사 생활 떠올릴 때마다 팀장님 생각 많이 났었습니다. 너무 뵙고 싶어요."

"결코 쓰러지지 말고 꿈을 이루시고 언제 기회 되면 연락할게, 만나요. Good luck!"

회사에 사직서를 내던 날, 그동안 함께 비행했던 수많은 사람들의 얼굴을 떠올려 보았다. 휴대전화에 저장되어 있는 연락처를 쭉 내려 보면서 그동안 감사했던 몇몇 사무장님과 선배들께만 조용히 감사의 인사를 드렸다. 두 번 다시는 만나고 싶지 않은, 생각만 해도 끔찍한 사람들도 있었지만 고맙고 소중한 인연, 그래서 헤어짐이 아쉬운 사람들도 분명 많았다.

사직서를 제출하고 마지막으로 브리핑실이 있는 회사 건물을 천천히 돌아보았다. 눈에 보이는 익숙한 장면들을 다시는 보지 못할 거라고 생각하니 조금은 가슴이 저릿했다. 그래도 마음이 많이 무겁거나 아프지는 않았다. 눈물이 나오지도 않았다. 담담하게 눈앞의 모습들을 마음속에 담았다.

내 메시지를 받은 분들의 답장이 속속 들어왔다. 너무 놀랐다며, 아쉽지만 앞날을 축복하고 응원한다고 격려해 주었다. 한때 같은 팀에서 제일 친하게 지냈던 네 살 어린 선배는 울면서 전화를 했다. 선배와 통화를 하고 들어오는 답장들을 읽다가 그제야 눈물이 터져 버렸다.

"혹시 비행이 너무 힘들면 휴직을 하거나 병가를 내고 조금 쉬다가 다시 오는 건 어때요? 곧 진급을 하면 훨씬 더 나을 텐데."

내 퇴사를 가장 안타까워하며 붙잡던 S팀장님이었다. 나도 S팀장님과 같이 팀 비행을 할 때 제일 신나게 근무하고 온 객실을 날아다녔던 기억이 났다. 붙잡아 주시는 사무장님께 진심으로 감사한 마음이 들었다.

그렇게 잠시 잊고 있던 S팀장님에게서 예상치 못한 응원의 메시지를 받게 되다니! 너무 신기하고 감격스러웠다. 더욱 열심히 수업하고 크게 성공해서 꼭 찾아뵙겠다고 다짐했다.

내 수업을 들은 수강생들에게서도 종종 감사의 문자를 받는다.

"선생님! 중국 항공사 공채 떠도 서류도 못 내밀 정도의 실력이었는데 쌤과 함께 해서 가능성이 생겼습니다. 감사합니다!"

"선생님, 방금 중국에 도착했는데 단어들이 들리고 글자가 막 눈에 들어옵니다. 신기해요!"

심지어 가까운 지인에게서 이런 연락이 오기도 했다.

"윤주 언니! 내 친구가 언니한테 강의를 들었다면서 너무 좋았다고 했어. 내가 다 자랑스러워! 너무 멋있었대! 친구한테 언니 유튜브도 알려 줄게!"

이렇게 감사한 상황들이 나를 더욱 채찍질한다. 현재의 시행착오와 어려움도 다 나의 자산이 되어 쌓이고 있음을 확신한다.


## 중국어는 내 꿈의 날개다

나는 단지 중국어만 가르쳐 주는 강사가 되고 싶지는 않다. 중국어를 나보다 더 잘하는 사람은 얼마든지 있다. 나는 '중국어'라는 매개체를 통해 더 많은 사람들에게 희망을 주고 싶다. 과거에 내가 좋은 선생님들을 만나 중국어를 더욱 사랑하게 된 것처럼 나의 학생들에게 오랫동안 기억에 남는 훌륭한 중국어 선생님이 되고 싶다. 동기를 부여해 주고 중국어 실력까지 최고로 끌어 올려 주는 인생 멘토가 되기 위해 지금도 끊임없이 노력하고 있다.

나는 중국어로 꿈을 키우고 삶의 순간순간마다 중국어를 활용해 살아왔다. 지금도 물론 중국어로 살아가고 있고 중국어로 꿈을 키우고 있다. 승무원으로서의 나의 비행은 착륙했지만 또 다른 삶은 이미 높이 비상하고 있다. 승무원으로 살았던 과거의 나도, 이제는 중국어를 가르치는 중국어 코치로서의 나도 똑같은 나, 강윤주다. 더 멋진 인생을 살기 위한 나의 비행기는 지금 고도 3만 피트 상공에서 순항 중이다.

나는 포기하지 않는다. 내가 선택한 중국어, 중국어 코치의 길을. 더 크고 생생하게 꿈꾸고 나와 함께하는 모든 사람들에게 중국어로 날개를 달아 주는 드림 코치가 될 것이다.


美梦成真!
나와 당신의 꿈은 반드시 이루어진다!

# 직장인 중국어 공부법

초판 1쇄 인쇄 2019년 9월  6일
초판 1쇄 발행 2019년 9월 11일

지 은 이  **강윤주**
펴 낸 이  **권동희**
펴 낸 곳  **위닝북스**
기    획  **김도사**
책임편집  **김진주**
디 자 인  **김하늘 박정호**
교정교열  **박고운**
마 케 팅  **포민정**

출판등록  제312-2012-000040호
주    소  경기도 성남시 분당구 백현로 97 다운타운빌딩 2층 201호
전    화  070-4024-7286
이 메 일  no1_winningbooks@naver.com
홈페이지  www.wbooks.co.kr

ⓒ위닝북스(저자와 맺은 특약에 따라 검인을 생략합니다)
ISBN 979-11-6415-034-2 (03190)

이 도서의 국립중앙도서관 출판도서목록(CIP)은 서지정보유통지원시스템
홈페이지(http://seoji.nl.go.kr)와 국가자료공동목록시스템(http://www.nl.go.
kr/kolisnet)에서 이용하실 수 있습니다.(CIP제어번호: CIP2019033082)

위닝북스는 독자 여러분의 책에 관한 아이디어와 원고 투고를 설레는
마음으로 기다리고 있습니다. 책으로 엮기를 원하는 아이디어가 있으신 분은
이메일 no1_winningbooks@naver.com으로 간단한 개요와 취지, 연락
처 등을 보내주세요. 망설이지 말고 문을 두드리세요. 꿈이 이루어집니다.

※ 책값은 뒤표지에 있습니다.
※ 잘못 만들어진 책은 구입하신 서점에서 교환해 드립니다.